달의 뒤란

이심훈 시집

현대시에서 펴낸 이심훈의 시집

시간의 초상 (현대시 시인선 104, 2011)

장항선 (현대시 시인선 136, 2013)

바람의 책력 (현대시 기획선 18, 2018)

뿌리의 행방 (현대시 기획선 94, 2023)

시인의 말

잘 벼려진 언어의 칼날
극한이란 말이 잦아진다.

극한의 기후 재난 갈등이
소외의 집에 마실 다닌다.

식욕 돋워 밥 먹고
근력 다져 침묵 씹어
혼자서도 잘하는
고독력은 사전에 없다.

오른손 한 일 왼손이 알고
왼손 한 일 오른손이 아는

내 안의 또 다른 나
함께 가야 덜 외롭겠다.

2025년 가을
이심훈

차 례

● 시인의 말

제1부 혼자서도 잘해

상팔자 ──── 10

국밥 다 식을라 ──── 12

왼손이 한 일 오른손도 알아야 ──── 14

기억이 가려울 때 ──── 16

혼자서도 잘해 ──── 18

부호들 ──── 20

겨울 북향 ──── 22

장마 ──── 24

음지도 양지가 있다 ──── 26

덫 ──── 28

격렬비열도 ──── 30

달의 뒤란 ──── 32

제2부 가르고 벼르는

소문 ——— 36
지방도 616 ——— 38
가르고 벼르는 ——— 40
간절에 대하여 ——— 42
버뮤다 삼각지 ——— 45
히마리 ——— 48
싸움의 기술 ——— 50
누수 ——— 52
도로명이건 지번이건 ——— 54
의좋은 형제들 ——— 56
귀거래歸去來 ——— 59
리바이벌 ——— 62
어색한 밥상 ——— 64

제3부 어떡해

어떡해 —— 68
네안데르탈인의 책력 —— 69
살어리랏다 —— 72
비유의 형식 —— 74
제풀에 —— 76
불광천 수달 —— 78
시치미 떼고 —— 80
더께 얼굴이 되어 —— 82
구제 나이롱 —— 84
극한 —— 86
난민 —— 88
어쩌다 잊었는데 —— 90
염치 —— 92
퍼스트 네이션스 —— 94

제4부

믹스 —————— 98
짓다 —————— 99
아직 나일는지 —————— 100
마음길 나들목 —————— 102
모르는 이 아는 이 —————— 104
실새삼 —————— 106
문의 얼굴 —————— 108
하현달 —————— 110
언제 적 —————— 112
충전 그리고 방전 —————— 114
귀로 —————— 116
아침은 혼자 오지 않는다 —————— 117

▨ 이심훈의 시세계 | 이철주 —————— 120

제1부
혼자서도 잘해

상팔자

툇마루 걸상에 날마다 나앉아
오물오물 시간의 뒤울 되새긴다.

동구 밖에 드물게 오가는 사람들
누구네 집 일가붙인지 어림해 본다.

꽃가마 타고 길섶 들어서던 일흔 몇 해 전
가늠하다 하루 해 저물어도 심심치 않단다.

늙어서까정 뼈 빠지게 일하지 말라고
나라에서 먹고 살게 도와주니 그저 고맙고

홀로 자고 홀로 깨니 외로울 거라지만
당최 맘에 담아 본 적 없는 말이란다.

때 되면 밥 차려 먹고 시간 맞춰 연속극 보다
졸리면 자면 되니 상팔자란다.

평생 며칠 비워본 적 없는 마당 가

채송화 서광 봉숭아 달리아 함박꽃

해년 대년 제풀에 돋아 꽃대 올리면
조석으로 들여다보며 이야기 나누던

이 집 비면 누가 돌보나
다만 그것 한 가지 걱정.

국밥 다 식을라

대학병원 약국 거리 귀퉁이 밥집
콩나물국밥에 모주 한 잔 곁들여
후루룩 넘어가면 다시 돌아오지 않을
시간의 잔챙이들 들었다 놨다 식힌다.

소화기내과를 시작으로 영상의학과
내분비대사내과 거쳐 류마티스내과
국가건강검진 대상자로 나다니면서
늦가을 지나 겨울 뒷모습이 앙상하다.

울 밑 굴뚝새처럼 건너편 약국으로 깃드는
모르는 이 어깨 눈발 굵어지는 어스름 대낮
애비 안즉 안 왔는디 눈붐베 할라나 보다
할머니 동구 밖 주막거리 연신 내다보신다.

때가 아니라서인지 한산하기만 한
식당의 가장 협소한 2인용 식탁도
적잖이 넉넉해 보이는 기억의 공터
아는 듯 잘 모르는 나와 나의 겸상

속을 비워야 비로소 쓸모가 생기는
덤으로 놓아둔 덜어 먹을 앞접시다.
언젠가는 훌훌히 비워야 할 낡은 그릇
가랑잎 모이는 자리가 마음 비운 곳이다.

치장하던 잎새 떨구고 동안거에 든 나목
박새 날아와 꽁지깃 까불어도 대꾸 없다.
시린 아랫도리에 나이테 한 겹 에두르듯
침묵은 소리 너머의 소리를 새기는 평온

애들 왁자지껄 뛰어노는 틈새
예서제서 밥 먹으라 부르던 소리
모주 한 모금으로 빈속에 젖어든다.
어여 드시게. 국밥 다 식을라.

왼손이 한 일 오른손도 알아야

손이 한 일이 못내 면구스러운 때가 있다.
손을 빌려 마음이 한 일이 자꾸만 켕긴다.

손을 찾아가는 길에는 터널이 많았다.
잊을 만하면 다가오는 빛과 어둠의 교차
들어오면 반드시 나가야 하는 일방통행로

이렇게 하면 저렇게 안 한 게 잘못인 것 같고
저렇게 하면 이렇게 한 게 더 잘못인 것 같은
독버섯 식용버섯은 무기질 1% 차이로 갈려진다.

마음의 틈새 오가는 오른손과 왼손의 간격으로
한쪽이 예각이면 한쪽은 둔각인 평원의 기울기
예각과 둔각이 서로 등 댄 내 안에 내가 있다.

손사래 치고 손가락질하고 삿대질하고
오른손이 한 일 왼손이 모르게 감출 수 없는
싫고 그른 일이 있다.

토닥이고 감싸고 쓰다듬고 다독거리고
왼손이 한 일 오른손이 모르고 지날 수 있는
옳고 좋은 일이 있다.

오른손이 한 일을 왼손이 전혀 모르고 있어
왼손이 한 일을 오른손이 너무 알려고 해서
자고새면 오른손 왼손이 삐지고 다투는 날

줄곧 따라온 상념의 끄나풀 거두는 호미곶
한 손이 한 일을 다른 손도 알아야 한다고
왼손과 오른손이 육지와 바다에서 손짓한다.

서운했던 일보다 서운하게 한 일이 많은
지난 계절을 두 손 운전해 끌고 온 바닷가
먼 길 따라온 위성이 벼려져 초승달로 떴다.

몽돌 섭슬리는 소리가 밤새 머리맡 서성여
날 선 기억의 예각을 둔각으로 정다듬 한다.
왼손이 한 일 오른손도 알아야 한다고.

기억이 가려울 때

사무치게 가려운 곳이 분명 있는데
어디를 긁어야 할지 모를 때가 있다.
피맺히게 긁적거려도 거기 아니라서

상처는 근질거리면서 아물어 간다.
변두리부터 가려움증 달무리 진다.

가려움에 들던 길마저 가물가물하다.
뒷자락은 인적 끊겨 가시덤불 덮였고
앞자락은 고속도로가 나 절개되었다.
꼬물거리는 옹달샘이 흔적으로 남아
그나마 긁적거릴 수 있는 것도 복이다.

남의 다리를 긁고 있는 것처럼
여기도 아니고 거기도 아닌 어디
가려움의 속내에 마음 바닥을 대면
꿈자리의 우묵한 허방이 근원이구나.
묵은 칡처럼 박힌 그리움의 티눈들

손가락 닿지 않는 등짝도 아닌
각질 두꺼운 발바닥 언저리도 아닌
상처의 먼 변방 깊은 밤 홀로 깨어
기억이 가려울 때가 간혹 있다.

내 속을 내가 긁적거려야
그나마 덜 외롭다는 것이다.

혼자서도 잘해

삼시 끼니때마다 맑은 술

참참이 양재기로 몇 잔 더

바쁠 텐데 자주 들르지 마라

에미더러 건거니 자꾸 만들어 보내지 말라 하고

대두병에 술도 넉넉하고 눈뜨면 먹을 것 천지다.

더운 날씨 뭐라도 챙겨 먹어라.

젊은 사람 몰골이 그게 뭐라니

오갈 때 운전이나 천천히 하고

옷 같은 거 자꾸 사 오지 마라

있는 것들도 다 못 입고 간다.

내 걱정 당최 말고 우애 있게 살어

할망구 있을 때보단 쪼매 못하지만

걱정 붙들어 매거라 혼자서도 잘해

다만 나이 들어 흘끔흘끔 눈치 보는

함께 늙어가는 마당 가 저 가이

나 떠나면 어쩌나 그것이 걱정.

부호들

목구녕은 구불구불한 물음표로
똥구녁은 불그죽죽한 느낌표로

무엇을 먹을 것인가 탐욕의 더하기
어떻게 싸지를 것인지 걱정의 빼기

삼켜버린 부호들을 추적하기 위해
내시경 불빛이 번쩍거리는 건강검진

이쯤에서 일을 놓고 쉼표를 그었어야 옳았다.
그쯤에서 술을 끊고 마침표를 찍었어야 했다.

치밀어 오르는 구역질 어른 개수대의 나누기
맨홀 뚜껑 날리고 역류하는 하수관의 곱하기

위내시경은 좌로 누웠다. 대장내시경은 바로 누웠다가 우로 누웠다. 같은 자리에서 들어가고 나오며 돌아눕는 목구녕이나 똥구녁이나 불그죽죽한 구멍이다. 먹고 싸는 여정이 제각각인 부호들 구역질 솟구쳐 올라오는 목구녕은 낡은 칫솔로 문지르던 개수대야. 흘려보내고 돌아서면 잊고 마는 똥구녘은 꾸물대는 변기지. 낡은 하수관에 덕지덕지 들러붙어 폐기물처리장으로 느물느물 흘러가는

    집게발로 위 조직 떼어갈 때마다
    올가미로 대장 용종 집어낼 때마다
    떼어가고 집어낼 곳은 저기가 아닌데

    국가건강검진 비수면내시경 받으며
    홀로 모로 누웠다가 바로 누웠다가
    가슴속 부호들 슬그머니 더듬어본다.

겨울 북향

시영아파트 행복단지는 북향이다.
대규모 아파트단지 곁 산 자드락
자투리땅에 지어진 임대아파트다.

북향에는 고드름이 쉬이 자라지 않는다.
오랜 침묵만이 얼어붙은 시간의 처마에
겹겹 앙다문 물의 어금니만 가지런하다.

어느 날은 면구스러운 회한에 얼어붙고
어느 날은 사무치는 그리움에 녹아들며
양지와 음지를 오고 간 마음의 기단으로
간혹 볕이 들어 녹아야 고드름도 열린다.

고드름 고드름 수정 고드름
속까지 시리게 내비치는 물의 뼈
애들 다 집으로 간 하오의 풍금 소리
되돌이표로도 돌아갈 수 없는 음계들

그만 돌아보고 싸게싸게 지나가시게나

가야 할 시간은 막차처럼 타야 한다네

삼한사온을 잊은 기상도가 되풀이되면서
나무도 지붕도 동면에 든 적막 퍼 나른
직박구리 산수유나무에 팔분음표로 열린
고드름도 얼어 자라지 못하는 겨울 북향

시영아파트 행복단지는 전동차가 많다.
얼음으로 충전하는 오후의 시린 고독이
조심스럽게 나들이하는 영구임대아파트
눈먼 이가 눈먼 이를 인도하는 온기로
아리게 푸른 하늘에 떠도는 참매 울음.

장마

햇살을 여러 날째 기다린다.
그는 언제나처럼 올 것인가.

충전한 배터리가 조금씩 방전된다.

어딘가 누전되고 누수되는 오래된 몸
오르락내리락 감정의 묵정밭이 젖는다.

긴 장마엔 묘사의 세포마저 척척하다.
곰팡이나 효모나 다 균류로 번지는데
여름내 번지지 못한 진술은 잊혀간다.

일기예보에서는 썩은 감자 냄새가 난다.
두서없이 되풀이되어 언어가 되지 못한
시를 주머니에 넣고 빵과 바꾸러 갔다.
새참하게 비닐 우비를 각각 입은 빵들이
먹기 좋게 화장하고 쇼윈도에 진열되었다.

끈적이는 그리움에 비해 더딘 장마전선

시가 되지 못한 빵에서 독버섯이 번진다.

풀린 태엽이 천둥소리에 조여져 감긴다.
방전된 건전지 수명을 번개가 충전한다.

천둥번개 쳐 땅이 울어야 버섯이 깨난다.

무지개를 여러 날째 기다린다.
그는 언제나처럼 다시 올 것인가.

음지도 양지가 있다

음지에 선 빌라도 양지가 있다.
한적한 햇살 괴어 고무락거린다.
목련 연지 바르고 봄맞이 나왔다.
어쩌라고 뾰조록이 입술은 내밀고

늙은 길고양이 빈둥빈둥 해바라기한다.
콧중뱅이 성한 곳 없이 찬란한 훈장들이
한때 골목 다잡았던 흔적 바람도 알지만
낡은 칫솔처럼 헝클어진 외투가 푸석하다.

햇살 좋은 봄날은 그저 탈탈 털어버리자
비풍초똥팔삼 버리는 순서라도 먹여보자
낙장불입 바닥패에 맞지 않는 묵은 일들
쥐고 있는 것보다 버려줘야 자백도 된다.

폐업한 자리에 복권판매점이 들어섰다.
1등 혹은 2등이 서너 번 당첨되었다고
간판에 덧대어 자랑하고 있는 집 건너
아직 한 번도 당첨된 적 없는 새 가게

빌라 베란다 앞이 길고양이 합숙소다.
겨울 끝자락에 식구들이 몇 늘어났다.
앙증맞은 새끼 겁도 없이 까불어댄다.
넌지시 바라만 보는 영락없는 아비다.

불알만 덩그러니 남은 앙상한 삭신에
삐삐선 같은 수염 몇 가닥은 꼿꼿하여
아구구 늘어지게 기재개 켜고 폼 재며
꽃철 왔다고 부스스 눈꺼풀 올려본다.

지난 계절에 붙은 임대 폐업 전단
빛바래 덕지덕지 붙어 있는 골목길
겨우내 응달에서 양지를 지킨 빌라
그나마 훈훈한 기운 감도는 봄이다.

덫

달빛만 드나들던 빈집 토광
오래전 놓은 듯 끈끈이 덫에
언제 적 쥐가 들러붙어 있다.

한 발 디디면 한 발이 빠졌겠다.
옴짝달싹할 수 없도록 묶인 발목
기억의 광년 넘어 스민 별빛마저
는적는적 말라붙어 화석이 되었다.

아무리 애원하며 불러보아도
먼지로 하늘거리는 몽환의 보풀
끈끈한 그리움도 덫이 되어버린
고독의 동공이 쥐눈이콩 닮았다.

지나간 날에 말 걸지 말아요.
생각이 많을수록 덫에 갇혀요.
지나간 날들은 지나가야잖아요.

묵은 서랍 함부로 들추지 마세요.

언제 적 덫이 아직 묵고 있거든요.
덫을 놓은 이가 덫에 걸린다니까요.

격렬비열도

기러기들 줄지어 날아가는 모양새다.
외로운 만큼만 간격을 둔 격렬비열도
별빛에 길 물어 가던 어둠의 음역으로
날갯죽지 고단한 몇몇 상념 내려앉아
고독의 외연 흔들고 지나는 파랑주의보

오색 네온 불빛 현란하게 번지는 거리
객쩍은 생각들 못 떠나는 도시 귀퉁이
빌라 옥탑방 등댓불이 새 나오고 있다.

설령 그것이 유배라 할지라도 택한 길
맵차게 심기 굳힌 키 작은 소사나무나
바람 찬 바위 모서리 들붙은 석이버섯

시도 때도 없이 문자 메시지 날아와도
너무 많은 말들은 날아오르지 못한다.

자고 새면 눈 덮인 마을 밖 버스 정류소
빨간 삼천리호 자전거에 가죽가방 매달고

고구마 쪄낸 참 지나 우체부 지나던 길섶
눈 녹은 논두렁 날아오르는 콩새 떼처럼
공터에서 조잘거리며 놀던 베이비붐세대
바위 모서리 둥지 틀고 잘들 살고 있겠지.

뼛속 비워 제 무게를 던 뭇생각들
답을 찾아 스스로 갇힌 격렬비열도
붉은 십자가 하늘을 네 등분하고 있다.

달의 뒤란

어느 행성의 겨울 바닷가 민박집이다.
만조의 파도가 뜨락 아래 서성거린다.
달의 심장 박동이 밀려왔다 밀려간다.

The Dark Side of the Moon*
미세기에 섭슬리는 몽돌의 연주 따라
내게 구박받은 내가 저만치서 흔들린다.

시간은 실존하는 시계보다 늘 서두르고
시계는 존재하는 공간보다 자꾸 더뎌져
자신에게 학대받은 자기를 어르기 좋은
달의 뒤란으로 시공時空을 넘어서 간다.

못내 섭섭하면 뒤꼍 장독 뒤에 숨어 울었다. 장꽝의 채송화 서광 봉숭아 분꽃들이 함께 울어 주었다. 누군가 덩달아 울어 주면 금방 배시시 웃을 수 있다. 저만치 도라지꽃도 담뿍 웃어주면 괜스레 쑥스럽던 뒤란으로 간다.

몽돌 널브러진 해변에 보름달이 떴다.

화사하게 웃는 모습 바라보는 순간은
온갖 쓰라린 기억의 신경줄이 밀집된
뒤통수를 보지 못하고 있다는 것이다.

얽고 패인 시간의 입술이 크레이터로 우묵하다.
섭섭해 품은 그믐달의 예각을 벼려야 몽돌이다.

어쩌다 달의 앞면만 바라보았나 봐
감정 이면에 서성인 묵은 우울 조각들
골목 전봇대에 엉킨 통신선에 걸렸어도
고개 돌려 못 본 척하고 지나쳐 갔다.

한 번도 보여준 적 없는 달의 뒷면
전파 SNS 시간도 불통인 고립무원
눈치 줄 빛 전해줄 바람기마저 없는

아늑하다. 차고 오를 바닥에 닿는 고요
운석으로 내려앉은 고독의 뼛조각들 곁
울기 좋은 곳 하나쯤 품어도 괜찮겠거니.

* 록 밴드 핑크 플로이드의 앨범,《The Dark Side of the Moon》.

제2부
가르고 벼르는

소문

행여 나만 모르고 있었나 봐.
안개의 형상으로 퍼지는 소문
유리창 이슬로 맺히고야 알았네.

강아지풀의 여린 모가지에 엉겨
잦아들 듯 들러붙은 미세 물방울
소문의 견고한 표면 장력을 보라.

꼬리에 꼬리를 물고 구무럭구무럭
너른 들을 건너 산등성이를 넘어온
소문의 물큰 번지는 응집력을 보라.

이물의 말이 한 입 건너 두 입
고물에서 다르게 퍼지기도 해서
뱃사람들 해무가 더 조심스러워

이랑의 말이 지들끼리 응결되어
고랑에서 다르게 퍼지기도 해서
뭍사람들 안개의 속내가 수상쩍어

낮은 곳부터 은근하게 깔리는 소문
높은 자리에다가 귀까지 높이 달려
혹여 그대만 모르고 지내는지 몰라.

지방도 616

2025 을사년 봄날의 햇살들이
지방도 제616호선 나들이 간다.

아산 외암리 민속 마을 지나면
송악저수지 물빛 비추인 민경이다.
예산 대흥면 슬로시티로 이어지는
송석저수지 산그림자 곱게 품었다.

물 받아라. 논배미 독사풀 잘방거리도록
산골짜기 저수지마다 넘실넘실 가두어둔
물 내음에도 가슴이 벌렁거리는 농사꾼
물도랑 돌미나리 제풀에 돋아 수런거리면
열 일 제쳐놓고 물꼬부터 살피러 나선다.

복숭아꽃 살구꽃 곱게 밀려 떠도는 물가
싱그럽게 돋은 논냉이 황새냉이 물냉이
탄핵이든 대선이든 농사 채비가 먼저다.

저수지 수문 활짝 열어젖히자마자

겨우내 을씨년스럽던 크고 작은 물길
자궁 열고 달디단 물 퍼 나르는구나.
목마른 흙 속으로 자박자박 스며든
향그러운 가슴 차지게 끌어안는구나.

길모퉁이 돌아서면 할머니 촌두부집
살림이든 나랏일이든 다 때가 있는 겨
쓰잘데기 없는 저수지 물안개 푸념이나
집 없는 뻐꾸기마냥 하소연하지도 말고
일찍 자고 일찍 일어나 두부나 잘 저어
여든 할머니의 세 살배기 예순 홀아비

한 발짝 더 다가서야 보이는 여정
마음 귀 기울여야 잘 들리는 말씀.

가르고 벼르는

뭐 그리 어려운 일일까 싶다.

만 원어치가 부담스러울 사과
오천 원어치로 갈라서 파는 일

이슬로 진열하고 노을빛으로 정리한다.
때마다 물건도 바뀌는 노점 트럭 좌판
동네 사람들 주머니 사정도 죄 살피고
무료한 이웃들 바둑 장기 상대도 해준다.

마을 공원 곁으로 도는 골목 모퉁이
길고양이나 뭇새들도 단골로 들른다.
베푸는 곳간에서 우러나오는 부스러기
제 몫 얻었다 싶으면 훌훌히 자리 뜬다.

아카시아 향기로운 을사년 5월
건너편 아파트 축대에 조기대선
후보자 선거 홍보 벽보가 나붙었다.
오다가다 바라뵈는 목 좋은 자리다.

나름대로 잘 살피고 분배하겠단다.
백성이 근본이요 먹을 것이 하늘인*
주머니 속 경제와 마음 그늘도 보듬어
씀씀이 두루 살펴 가르고 벼르는 정치

오천 원만큼이 부담스런 버섯
삼천 원어치로 별러서 팔 생각

그저 쉬운 일만은 아니지 싶다.

* 『삼국지』, 〈국이민위본 민이식위천國以民爲本 民以食爲天〉.

간절에 대하여

케냐의 시골 학교 애들은
국제교류 기증 물품 중 축구공을 좋아했다.
말은 알아듣지 못해도 보면 알 수 있는 표정
국제 공통어는 앳된 웃음이거나 아린 기억이겠다.

축구공 문양처럼 희고 검은 눈동자에 국민 소득 100달러 유년의 한때가 얼비쳤다. 원조물자 강냉이죽이나 우윳가루를 배급받던 날 바람 인형처럼 부산스러웠다. 양은 도시락을 디미는 쑥스러운 간절함으로 줄을 섰다.

밤새 으르렁거리던 마사이마라의 평원에 사자 무리 나뒹굴며 쉬는 여명의 고요가 안개처럼 깔렸다. 아랫도리 사라진 얼룩말이 모처럼 늦잠을 잔다. 새끼들 콧중뱅이 핏자국 핥아주는 비린내 나는 평화가 느물느물 젖는다.

하이에나가 저만치 절뚝거리며 간다.
풀숲에 보일락말락 대가리만 휩쓸린다.
자꾸 뒤돌아보는 간절한 눈길 쏠린다.
다친 가족들이 구무럭거리며 따라간다.

상처를 뒤집어쓴 하이에나 가족의 몰골에서 힘의 단면이 섭슬린다. 먹을 것이 목숨만큼 소중한 짐승이다. 케냐 마사이마라 평원을 가로질러 탄자니아 세렝게티 풀밭 찾아 마라강을 넘는 간절함이 목숨과 바뀐다.

관세전쟁의 회오리가 지난한 살림살이를 휩쓸고 있다. 호주머니가 빌수록 무르팍이 시린 것은 집안이나 국가나 다르지 않다. 나일악어 우글거리는 관세의 강변에 순박한 얼룩말들이 모여 웅성거린다.

이중섭이 못을 벼려 담뱃갑 은박지에
가족들 형상을 간절하게 새기고 있다.
한국전쟁 소용돌이에 길 떠나는 가족*

인근 소말리아 해적 사태로 대사관에서 보낸 안전 메시지가 날아든다. 근방에 한 그루뿐인 국가라는 와이파이 그늘에서 도시락을 먹었다. 뜯기다 만 임팔라가 나뭇가지에서 쉬는 표범의 영역이었다.

국민 소득 삼만 달러 넘는 풍요 속의 빈곤이 먹자골목 여명 미세먼지로 깔린다. 긴급대출 안내 명함들이 누 떼처럼 몰려다닌다. 누군가 질펀하게 토악질해 놓은 토사물을 까마귀들이 파먹는다.

한 집 건너 두어 집에 나붙은
폐업 임대 문의 점포 전단들이
굴곡진 골목을 간절히 되돌아본다.
신장개업 화환이 빛바래기 전이다.

* 이중섭, 〈길 떠나는 가족〉.

버뮤다 삼각지

 2025 을사년 근로자의 날에 비가 내렸다. 5월에 천둥번개 치는데 떼까마귀들이 부산스레 울어 헤댄다. 오후 3시에 대법원이 야당 대선 후보 공직선거법 위반 상고심 사건 선고를 예고한 날이다.

 동네에 한군데 남은 대중목욕탕은 한산했다. 노인 일자리 사업 경비로 일하는 노인이 쉬는 날 짬을 낸 듯 묵은 때를 밀었다. 격의 없이 주고받는 대화에서 목욕관리사와는 형님 동생 하는 사이라는 것을 알 수 있었다.

 형님 오늘 대법원판결 알아?
 그럼 뉴스 특보 지금도 나올걸!
 그런데 그 사람 전과도 많다며?
 상대 후보도 전과가 많던데 뭐!

 벌러덩 드러누워 올려다보는 사람과 때수건을 감아쥐고 내려다보는 사람의 물음표 느낌표에 차이가 생겼다. 간격과 거리가 물과 물안개처럼 밀어내며 멀어진다. 천장에는 무수한 물방울들이 아슬아슬 매달려 있다.

급기야 물방울 몇 개 목덜미에 떨어졌다.
식을 대로 식어 응결된 마음이 섬찟했다.

쓸데없는 말 구시렁거리지 말고 때나 잘 밀어. 웬 세상 걱정이 그렇게 많아가지고. 남 걱정 말고 형님 일이나 잘 하셔. 그 나이 먹도록 뭔 생각이 그렇게 답답해서야 원.

형님도 아우도 입을 닫아버렸다.
잦혀졌다 엎어놓고 때만 밀 뿐이다.
훈훈하던 수증기도 냉랭해졌다.
훈김도 사람에게서 풍기는 것이다.

목욕탕이 사라지면서 대중도 줄고 있다. 손님의 손님에 의한 손님을 위한 명분도 흐지부지해 옥방 황토방 소금방도 정지되었다. 온탕 냉탕 열탕은 남았지만, 탕에 걸맞은 온도 조절이 시계 흐린 물안개 속에 흐리마리하다.

그런 경우가 어딧냐고 따지고 들며

순리와 도리를 따르던 대중과 함께
동네 대중탕이 홀연 사라지고 있다.

목욕이 끝날 무렵 우리는 서로에게서 소외되었다. 지나가는 배나 비행기가 자주 사라진다는 버뮤다 삼각지처럼 말과 기미가 사라졌다. 화자도 청자도 삼자도 뚜해 서먹한 공동체가 되었다.

히마리

힘을 주기보다
힘을 빼기가 더 어렵다는 걸
진즉에 알았더라면 좋았을걸
아 하고 턱의 힘을 빼라는데
힘을 빼려고 애쓸수록 힘이 들어가
치과 마취 주사 맞으며 편잔먹었다.

진눈깨비 내리는 초겨울 질펀한 운동장에 엎어져 교련 검열 준비하다 힘 들어가 거부하는 눈빛이라 얻어터졌다. 병영 훈련에서 얼차려 받으면서 힘 들어가 반항하는 눈빛이라 알대가리로 원산폭격 했다.

공연스레 눈에 힘 들어간 반골 기질 때문에 얻어터진다고. 눈 내리깔고 히마리없는 듯 다소곳하면 무난할 것이라고. 너 땜에 사서 고생한다며 친구는 어르고 동료는 비아냥거렸다.

반골은커녕, 마루 밑으로 들어간 겁많은 개의 눈빛을 보았니? 힘 있는 자들은 죄 빠져나가고 날파리만 걸려든다던 거미줄 공화국. 만만한 놈이 본보기로 얻어터져야 평화로운 시절이 있었다.

축대 맨 아래 틈새에서 겨우내 얼었다 녹았다 꽃피우는 민들레. 태풍에 발랑 드러누웠다가 사나흘도 안되어 일어서는 강아지풀. 힘을 주고 버티기보다 힘을 빼고 어우러지는 고수들이다.

힘을 주기보다 힘을 빼기가 더 어렵다는 걸 진즉에 가르쳐 주는 이가 없었다. 힘껏 싸워 이기라고만 부추겼다. 싸우지 않고 더불어 사는 법을 때맞춰 배우지 못했다.

얼마 전에도 그랬다.
어깨 힘 빼고 조신하게 있으면
분수에 맞게 잘 만들어 줄 텐데
늙어가면서 히마리 없는 삭신에
주책없이 무슨 힘이 자꾸 들어가
어여쁜 미용사에게 눈치만 먹었다.

싸움의 기술

자다가도 웃다 눈물 날 일이다.
비장의 싸움 기술이 침 뱉기라니

무림의 고수보다 한 수 위다.
황야의 무법자 손보다 빠르다.
안데스산맥 고산지대 반추동물
알파카 라마 과나코의 싸움 기술
침 뱉고 시치미 떼는 게 비법이다.

뭔가 석연치 않고 비위 거슬린다 싶으면
왕방울만 한 눈으로 웃는 듯 바라보다가
되새김질로 분비된 소화액 되직하게 섞어
고약한 냄새의 침을 뱉고 안 그런 척한다.

애처로울 정도로 예쁘고 순진무구한
눈초리에 반해 있는 마음을 경계하라
소매를 걷어붙이듯 귀를 뒤로 젖히면
저지대의 잘못에 대해 용서를 구하고
부디 늦지 않게 저만치 물러서라

주먹으로 때리고 발로 차고
칼로 찌르고 활을 쏘아대고
총으로 쏘고 폭탄을 터뜨리고
미사일을 쏘다가 무인 병기까지
산 아래 세상 싸움의 기술에다가
회유하고 협박하고 SNS로 퍼뜨리는

카악 퉷!
얼마나 통쾌한 문장인가.
거친 세상 되새길수록 고이는 침
미워하지 말고 뱉을 수 있어야 고수다.

누수

상하수도 요금이 급증했다면, 의심하라
배관들은 은밀하여 누수의 눈물도 감춘다.
탐지 능력과 장비를 갖춘 업체를 선정하라
천장 바닥 벽 땅속 허공의 음모를 탐지하라

주머니도 자칫하면 물처럼 샌다.
허허로운 통장 마이너스 대출 상한선에 닿았다.
장기 카드 대출 간간이 받아 돌려막았다.
어떻게 눈치챘는지 단기 카드 대출 안내 문자 날아든다.
허랑방탕하지 않았는데 일어난 일이라면, 의심하라

흔해 빠진 물도 돈으로 새는 것이다.
계량기 헛바퀴 돌아 물세 폭탄 날아들면
물이 더는 가벼워질 수 없는 금이 된다.
쓰지도 않은 틈새 돈으로 막아야 하거든
요금고지서 들고 맑은물사업본부로 가라.
물을 물로 보고 살지 않았는지, 의심하라.

정부 채무 1,197조 8,000억

전달보다 22조, 지난해보다 56.7조 늘었다.
통합재정수지 31.2조, 관리재정수지 46.1조 적자.*
빚진 국민에다 새는 주머니를 달고 사는 세대주다.

하늘에서 거저 내려오는 물
얼었다 퍼지면서 빚으로 엉긴 눈
어딘가 누수되는 살림까지 겸하고
열심히 일한 당신 그만 떠나라는지

더는 가벼워질 수 없는 가난의 무게로
눈송이 얹힌 청솔가지 부러진 자리마다
나무의 누수淚水 는적는적 얼어붙는다.

* 기획재정부, 「월간 재정동향」 2025년 6월호.

도로명이건 지번이건

우산 대여함을 만들어 놓잖다.
갑자기 비가 쏟아질 때 쓰고
제자리 가져다 놓으면 된단다.

돔 천장 황금빛 조명 백두산 천지도
국회의사당 도로명주소 의사당대로 1
민주民主 견학한 어린이자치회 건의다.

애들만 수천 명인데
안 갖다 놓으면 어쩌지?
며칠 못가 다 잃어버릴 텐데
걱정이 앞서는 허우대만 어른

만약에 우산이 다 없어지면
다시 사다 놓아주면 되잖아요?
해맑은 눈동자들의 자치自治야말로
고개만 끄덕여주어도 더 잘할 것을
어쩌다가 밴댕이 소갈딱지 되었네.

저 애들이 자라서 어른이 되면
궂은날 갠 날 사람이 편안하도록
우산이든 양산이든 장만해 놓겠지.
네 말 내 말 귀하게 새겨들으며
작은 생선 굽듯* 알뜰히 살피겠지.

한때는 널널한 애들이었는데
너 그르고 나 옳다 종주먹대는
국회의사당 지번주소 여의도동 1
헌법 제1조 1항 민주공화국이야말로
네 탓마저 아우르는 길섶에 번질 거야
도로명이건 지번이건 바닥이 바탕이라
풀꽃들은 그 바닥에 뿌리내려 필 거야.

* 노자『도덕경』, 〈제60장〉 治大國若烹小鮮.

의좋은 형제들

의좋은 형제가 살았다.
형제는 물려받은 땅에서 농사지어 공평하게 나누었다.
'형에게는 가족이 있으니 내 몫을 더 가져다드려야지.'
밤이 되자 동생은 형의 창고에 곡식을 가져다 놓았다.
'동생은 아직 결혼도 안 했으니 재물이 더 필요할 거야.'
형도 밤중에 동생의 창고에 곡식을 옮겨 놓았다. 다음 날 아침 형제는 전날과 같은 양의 곡식이 있는 것을 알았다.
'이상하다. 내 곡식이 왜 이렇게 많지?'
밤이 되자 다시 곡식을 나르다가 마주치고 말았다. 형제는 서로 부둥켜안고 눈물을 흘렸다.

탈무드에 전해 내려오는 의좋은 형제가
마주쳤던 곳은 예루살렘 혹은 가자지구였을까.
아브라함의 아들 이삭은 이스라엘의 조상이다.
아브라함의 아들 이스마엘은 하마스의 조상이다.*
얄궂어라.
이스라엘과 하마스는 아브라함의 피붙이 형제

의좋은 형제가 살았다.

형제는 농사지어 낟가리를 쌓고 한 더미씩 나누어 가졌다.
'형님 댁에는 식구가 많으니 더 갖다 드려야겠어.'
동생은 깜깜한 논으로 가서 형님의 낟가리로 벼를 옮겼다.
'동생은 새로 살림을 시작했으니 드는 것이 더 많을 거야.'
형은 밤중에 논으로 나가 자기 벼를 동생의 낟가리에 갖다 쌓았다. 날이 밝자 형제는 낟가리가 조금도 줄어들지 않은 것을 알았다.
'이상하다. 왜 내 볏단이 그대로 있지?'
밤이 되자 형제는 몰래 볏단을 나르다가 마주치고 말았다. 형제는 볏단을 내던지고 얼싸안았다.

국어책에 나온 의좋은 형제가 마주쳤던 곳은
황새 날아드는 예산 혹은 비무장지대였을지 몰라.
주몽의 아들 유리는 고구려, 온조는 백제를 세웠다.
폭 4km 길이 248km 비무장지대를 마주하고
얄궂어라.
남녘과 북녘은 주몽의 살붙이 후손들의 땅

비행기로 12시간 거리 이스라엘과 한반도

하늘길 바닷길 너머 탈무드 실록에 기록된
형님 먼저 아우 먼저 달님도 미소 짓던
의좋은 형제끼리 쏘아붙이는 미사일 불꽃
서로 미워하다 미운 사람 닮아갈는지 몰라

해바라기밭을 짓이긴 탱크 캐터필러 자국
전투에서 이길지라도 질 수밖에 없는 전쟁
얄궂어라.
러시아와 우크라이나도 동슬라브족 피붙이
그저 내버려만 두면 들판의 의좋은 형제들.

* 구약성서, 창세기 21장.

귀거래歸去來

   학교에서 돌아오면 책보 마루에 던지고
   동무들과 어울려 놀다가 밥 먹어라 불러야
   저녁 먹고 지쳐 잠이 들던 내 살던 고향은

   때가 되면 식구들이 한 밥상에 모여 앉아 넉넉잖은 끼니를 나누었다. 속내 다 알 수 있는 이웃들과 부침개라도 주고받으며 눈길을 마주치던 울타리. 미주알고주알 사는 이야기가 철철 넘쳐흐르던 우물가
   나뭇지게를 바치고 흐르는 개울물을 손으로 떠 마셔도 개운하였다. 송홧가루 날리면 산과 들에 널브러지던 찔레 싱아 삐비. 양지바른 두렁에서 띠 뿌리를 캐 먹어도 모이면 즐겁기만 하던 동무들
   국민소득 백오십 달러 원조물자 강냉이죽 배급받는 날은 참새 떼처럼 조잘거렸다. 국민교육헌장 못 외워 속 태우던 나머지 공부 짝 동무와 걸으며 외우던 하굣길 신작로

   우리는 민족중흥의 역사적 사명을 띠고
   명절이면 가불해서라도 고향을 찾으며
   어느 곳에서 일하든지 열심히들 살았다.

밤늦도록 학원 골목을 떠돈 아이들이 각자의 방으로 쥐며느리처럼 숨어들어 스마트폰과 함께 잠드는. 식사 중에도 고개 숙여 문자 메시지를 확인하더라도 간섭하거나 방해하지 않는 게 미덕이다.

어디는 층간소음 신조어 눈치 보느라 까치발 딛고 오가고 어디는 애들 노는 소리 끊어진 지 오래. 취업 준비하느라 중년이 되어가는 자녀 부양에 퇴직 후에도 일자리를 찾는다.

바람 부는 날이면 전봇대 삐삐선들이
윙윙 함께 노래 불러주던 숱한 겨울날
그나마 삼한사온 누군가 살펴주던 손길

일찌감치 기술 배우러 객지로 나갔다가 암과 동행하면서도 맑은 웃음 잃지 않는 유년의 동무가 있는
대학 대신 면서기 시험에 합격하여 열심히 일하다가 정년 퇴직하여 파크골프를 즐기는 면장님이 있는
쇠스랑으로 가다루는 주말이면 박새 날아와 꽁지깃 까부르는 초가삼간 옛집 텃밭이 있는

가련다. 마음의 신기루 그만 걷어내고
새는 날다가 지치면 돌아올 줄 아느니.*

* 도연명, 〈귀거래사〉, 鳥倦飛而知還.

리바이벌

여러 번 이사 다니면서도
쓰지도 않고 버리지도 못하는
우묵한 회상의 턴테이블이다.

셋방살이하면서 할부로 산 전축
휴대전화면 전축도 텔레비전도 되는
시대 뒤편으로 밀려 액자 받침대 된
켜켜이 묵은 기억의 더께가 널널하다.

상처에서 흘러나오는 소리가 노래라니
레코드판 긁어 새긴 저렇듯 곱고 아린
지나간 날들은 어떻게든 지나갔잖아요.
오랜 열대야 끝자락 귀뚜라미 노래한다.
추석 무렵 가요 고향역이 리바이벌되듯

중동 나가 전축 사서 신바람으로 왔다던
산업역군 박씨 전성기도 다리를 절뚝인다.
늙은 해삼처럼 구무럭대는 리어카 박스
돈도 되지 않으며 돌고 도는 턴테이블

일제강점기 한국전쟁 혁명 다 겪고
똥구멍이 찢어지는 보릿고개 넘으며
공화국 투표 빼먹은 적 없는 아버지
더 좋은 세상 못 보고 먼 길 떠나고
하기야 당숙 외삼촌도 마찬가지였다.

여러 번 공화국이 바뀌면서도
변하지도 않고 버리지도 못하고
애련히 리바이벌되는 턴테이블이다.

어색한 밥상

속이 더부룩해 밥 안 먹겠다는 말
가급적 함께 있고 싶지 않은 속내를
에두르고 있음을 보지 않아도 알겠다.

우리 집만 그런 게 아닌가 보다.
동창생도 친척도 그러저러한 사연
온 식구 밥상에 앉는 횟수 드물거나
모처럼 모여 앉아도 어색한 밥상이라

달리지 마라. 뛰면 배 꺼진다.
밥은 먹었니? 인사가 되던 밥심
열심히 살았지만 갈수록 지난해지는
조석으로 더 먹고 싶었던 밥의 세대

쥐똥나무 그늘을 찾는 쥐며느리처럼
음지에서 웅크린 은둔형 외톨이라니
고립 청소년이 53만 8천 명이라는데*

먹고 돌아서면 배고파야 할 삼포세대

걸핏하면 안 먹겠다는 속인들 오죽하랴.
요즘 애들 다 그래 세태 탓으로 돌리며
숟가락 젓가락이라도 챙겨 놓은 빈자리

그리 살갑지는 않아도 중늙은이 늘
겸상할 수 있는 것도 그나마 복이지.

* 한국보건사회연구원, 〈고립·은둔 청년 현황과 지원방안〉, 2023. 5.

제3부
어떡해

어떡해

비닐 랩 칭칭 감고
배달된 플라스틱 그릇
풀어내기 만만치 않다.

제기랄
온통 뒤집어썼네.
확 쥐어뜯어 버려?

아서
옹쳐맨 매듭도 사람이 한 일
뜯지 말고 풀어야 할 사람아

밀폐된 공간 속 저 비닐도
그렁그렁 눈물 맺고 있잖니.

갈급한 성깔까지도
한 번만 쓰고 버릴
일회용 되면 어떡해.

네안데르탈인의 책력

이것 좀 보세요. 부품이 0이잖아요.
그는 휴대전화를 코 앞에 들이대면서
단종斷種되어 부속 없음을 증명했다.
단종되도록 사용하고 다시 고쳐 쓰려는
못마땅한 호모사피엔스의 후예라는 듯

하루가 다르게 물건들도 진화하는 세상
신상 많으니 웬만하면 새로 장만하란다.

제품이 버젓이 있는데 종을 끊어버리다니

네안데르탈인은 30만 년 넘게 번성했다.
호모사피엔스보다 조금 더 크고 힘이 센
구인류종은 어느 순간 홀연히 절멸하였다.
부품 단종된 티브이 다큐프라임에서 보았다.

아카시아 가지가 찢어지게 꽃 피웠다.
올해가 마지막이 될지도 모른다는 듯
민망해라. 제풀에 터지는 비릿한 단내

벌도 오지 않으니까 화냥기 돌았나 봐
꽃의 입술이 애타도록 메말라가고 있다.

지구온난화 임계점 1.5℃가 지나 버렸다.

한라산 구상나무들이 집단 고사하고 있다.
더 이상 올라갈 곳 없는 군락이 무너졌다.
빙하기에도 살아남았던 바늘잎나무들이다.
새로 장만한 텔레비전 다큐멘터리로 보았다.

꽃보다 벌들이 많던 시오리 등하굣길
구상나무로 장식하던 크리스마스카드
유년의 한때는 겨우 50여 년 전이다.
그새 벌들은 우울증 걸려 드러누웠고
구상나무 마지막 수액 나이테로 두른다.

아직 쓸만한 향기를 지닌 아카시아꽃이다.
고쳐 쓸 겨를 없이 벌들이 단종되고 있다.

동네방네 땜쟁이 찾아와 때워 쓰던 책력
네안데르탈인들이 암각화로 새기고 있다.
손가락 끝 지문을 석이로 꺼묻히고 있다.

살어리랏다

할 수만 있다면 그냥 내버려두어요.
흐르는 게 강이요 흘러가야 강물이라
목새땅에 빠지고 둔치에 발목 적시며
멀찌감치 물러서야 보이는 강의 민낯

한때 우리가 본 것은 아집의 강
금모래 은모래 비단강 모래톱 덮고
세종보 공주보 백제보 하굿둑 막혀
헛것 괴어 어물어물 녹조로 번졌다.

닫힌 물길 빗장 풀리자 강의 원주민들 돌아온다. 가창오리 흰목물떼새 원앙 날아들고 흰수마자 큰주홍부전나비 어디 갔었니. 눈물겹게 살아남은 피라미와 돌마자들 모래알 씹었다가 연신 뱉어내며 금억새 살랑살랑 손짓하는 고마나루

발원지 뜬봉샘에서 굽이굽이 천 리 길
천내습지 곰나루 구드래 기벌포구까지
사람 사는 곳이면 어디서나 흘러나오는

허드렛물 수챗물 다 받아 구시렁댐 없이
개어귀 강어귀마다 지천으로 돋는 미나리
용수 지른 듯 썩은 생각마저 걸러내던 강

제풀에 덕지덕지 돋아나 이름도 이쁘다. 운암리 유하리 장하리 청포리 에두르는 대지의 젖줄을 누가 가둘 수 있는가. 지들끼리 알아서 흐를 것은 흐르고 고일 것은 고일 것이다. 지천이던 재첩 모래무지 우여 참게 손차양하고 노을빛 바라보던 구드래나루

파여 허기진 물기슭 모래 한 줌 얹어주고
돋아 배부른 가생이 황토 한 줌 덜어내며
굽이굽이 물길 내어 어디든 나지막한 곳
마음 흘러가는 대로 더불어 살어리랏다.

목새 속울음에 대를 이은 둔치 푸새
노을 헹궈 곱디고운 물비늘 노닐 때
저만치 수면 위 피라미들 구경나오는
흐를 것은 흘러가게 내버려두자고요.

비유의 형식

할부지 성당 안 가?
감기 걸려 집에서 기도하래
마스크 두 개 쓰고 가면 되지.
갓 배우는 말은 거리낌이 없다.

뒤늦은 코로나바이러스와 동거 중인 자가격리 주일. 술잔이나 기울이더니 두통 근육통 인후통 잘코사니다. 한낱 바이러스에 점령된 몸뚱이가 뱉어낸 말의 기억만 열꽃으로 핀다.

무심코 돌리는 텔레비전 채널마다
질펀한 우스갯소리와 널브러지는 웃음들
너무 자책하지 말아야 그나마 웃을 수 있겠다.

수천 년 전 갈릴리의 한 메시아가 비유로 광야의 가슴에 말씀의 씨를 묻었다. 비유에 딱히 형식이 없는 것은 알아들을 귀와 새길 가슴이 다르기 때문이다. 오만의 바벨탑이 웃자라 비유의 쉬운 말이 어려워졌다.

보고 싶은 것만 골라 보느라
보이는 것을 보지 못했다.
보기는 보아도 내 일이 아니라서
보아야 할 것을 보지 못했다.

듣고 싶은 것만 골라 듣느라
들리는 것을 듣지 못했다.
듣기는 들어도 내 탓이 아니라서
들어야 할 것을 듣지 못했다.

지구온난화 임계점을 넘어섰다. 어린 것들에게 잘 살자 한 일이었다고 때가 되면 알아듣게 설명해 줘야겠다. 씨뿌리는 자나 한 알의 밀알 비유가 홀로 자전하고 공전하는 행성이다.

할부지 성당 못 가?
잘못 했다고 집에서 빌으래
다음부터는 안 그런다고 말해
갓 배우는 어눌에 비유가 있다.

제풀에

썩는다는 말 목적어가 없는 것
냅둬도 때 되면 썩기 때문이다.

돌덩이보다 단단해 겨우내 배고픈 새들도 쪼아대지 못하던 우듬지 모과 제풀에 떨어져 썩음썩음 곰삭는다.

시키지 않아도 저절로 썩는 것들은
가슴 저 밑 서리서리 씨앗을 품었다.
모과 썩어 문드러진 자리 싹수 보인다.

거북 등보다 야무져 허기진 시궁쥐들도 이를 대지 못하던 토광 동이 호박 배꼽 언저리부터 물렁물렁 묵삭는다.

대를 이어 깃든 바람의 입김
뱃구레 겨우내 품은 내력으로
호박 무른 자리에 떡잎 오른다.

박스 바닥하고도 가장 낮은 곳 앉은 자리에서부터 흐물흐물 주저앉은 사과라고 업신여기지 마시라.

얼고 썩은 자리 고쳐 앉아
잘 갈무리한 말씀의 배냇짓
싸가지 돋아나야 봄이 온다.

묵은 두엄자리 잘 썩은 언저리에 쥐며느리 지렁이 노래기
땅강아지 지네까지 깃들어 꼬물거린다.

지금은 새들도 되돌아가는 계절
때맞춰 돌아갈 줄 알아야 철새다.
제풀에 썩을 줄 알아야 씨앗이다.

불광천 수달

불광천에서 딱 한 번 수달과 눈을 마주쳤다. 콧중뱅이만 살짝 보여주고 물보라 일으키며 뒤척거리다 물억새 틈새로 홀연 사라졌다. 멀리 북한산이 보이는 천변의 지하철역으로 엘리베이터 타고 갔다. 그는 연신내에 살며 여의한 날이면 북한산 자드락이나 불광천 변에서 소일하였다. 서울살이 그냥저냥 밥은 먹고 산다면서도 명절에도 고향 못 내려오던 수달. 가요 '꿈에 본 내 고향' 애기부들에 걸어놓고 증산역으로 사라졌다. 1등이나 2등이 서너 번 당첨되었다고 써 붙인 골목 판매점에서 복권을 샀다. 당첨 확률 수백만 분의 일을 수달에게 걸었다. 수달이 돌아온 지난한 여정에 허무를 투자했다. 그는 북한산 이름 모를 묘 잔등에 갈참나무가 우람하다 했다. 수백 년 동안 나누던 산의 말씀이 불광천 한강 서해로 흐른단다. 콘크리트 덮인 복개 구간 지난 후에야 청둥오리 쇠오리 푸들거리는 잉어 등줄기도 보인단다. 복개 구간 지나 돌아온 수달이 연서시장 대폿집 좌판에서 혼술을 한다. 중동 열사에서 일하던 산업 전사도 대도시 근처로 가야 그나마 먹고 산다. 리어카 가득 싫은 파지 고철 비철을 막걸리 한 잔에 띄우고 복권 한 장 챙긴 금요일 저물녘이다.

시치미 떼고

부드럽고 질 좋다는 친환경 화장지
겨울 난방용 석유 세 드럼 넣었더니
각티슈 아홉 갑이나 경품으로 주었다.

뽑아 쓸 때마다 사각 숨죽인 소리
겹겹 나이테가 부드럽게 넘어가며
비명을 지르는 거래는 성사되었다.

석탄기 잔해 기름으로 쥐어짜 넣고
나무의 속살 녹인 경품도 받아쓴다.
흡족하고 만족스러운 우리들의 거래

돌려주는 것은 비닐이나 플라스틱류
살충제 제초제 나누고 살처분하면서
올 즈음도 편하고 따스하게 지낼 것이다.

참매 울음이 맵찬 바람을 모은다.
낚아챌 것 없는지 사방 살피는 형상
모르는 척 시치미 뗀 매사냥꾼이다.

오랜 세월 시치미 떼고 산 날들
떼어먹고 등쳐먹어도 말씀 없는 그대
버드 스트라이크는 무조건 새들 탓이다.

더께 얼굴이 되어

밖에서 들어오는 내음보다
안에서 풍기는 냄새가 더 고약하다.
차 안에 벗어 둔 여분 마스크에 밴
한갓 오래된 악취에 불과한 몸뚱이

밖으로 나가는 길도 막힌 숨결
안에 갇혀 역겨워진 입 가리개
묵은 더께 얼굴이 된 페르소나

밖에서 들어오는 것들 때문에 쓴다고
어쩌다가 착각하며 산 무수한 나날들
내 냄새는 모르고 네 냄새만 꺼리다가
내 탓이 네 탓이 된 생각의 바이러스

탐욕스런 소에게는 부리망을 씌웠다.
감사나운 개에게는 입마개를 씌웠다.

타인을 위해 마스크를 쓴다는 생각을
한 번도 해 본 적 없이 오로지 나를 위한

편협한 욕망이 시룻번으로 들붙어버린

자기사육화된* 탐욕스런 가축이거든
그대 내 욕망에 부리망을 씌워주오.
잘못 길들인 못 미더운 짐승이걸랑
그대 내 승깔에 입마개를 씌워다오

치장하던 현란한 잎새 모두 떨구고
한겨울 알몸으로 산비알에서 버티며
마스크 한 장 두른 적 없는 꽃눈 잎눈
뾰조록이 돋아 옹알이하는 생강나무여.

* 인간이 스스로 동물적 본능을 억제하고 사회에 맞춰 가는 과정.

구제 나이롱

단돈 만 원이란다.
폼 재던 어깨 살아 있는 구제 재킷
잘나가던 때는 명동거리라 불리며
쇼윈도 화려했던 구도심 저잣거리

어제 벗어놓은 옷 주섬주섬 또 꿴다.
밍크의 털가죽을 한 번 걸치고 나니
목덜미가 시려 겨우내 벗을 수 없다.
털가죽이 살가죽으로 들러붙은 온기
빙하기에도 살아남은 유전자의 기억
습성으로 몸이 다 새기고 있었나 봐

누군가의 가죽을 벗겼거나
누군가의 집을 허물었거나
누군가의 털을 갈퀴질했거나
누군가의 씨주머니 털었거나
누군가의 고인 눈물 빨아올려
옷장 그득 채워도 헛헛한 허기증

질기기가 고래 심줄 같다던 나이롱
삼거리 이층집 애 처음 입고 온 이후
각시잠자리 날개처럼 가볍고 화사한
또 다른 세상에 뜬금없이 녹아들었다.
누군가의 잔해 쥐어짠 플라스틱 실
날줄 씨줄로 엮은 줄 그땐 몰랐다.

단돈 만 원도 버겁다.
구제 나이롱으로 소환된 시간의 어깨
닳거나 삭지도 않는 진화의 거스러미
쉬이 버리지 못하는 병증일 줄 몰랐다.

극한

극한은 잘 벼려진 언어의 칼날이다.
평생 들을까 말까 한 말이 잦아진다.

전방에 극한 폭염 터널에 진입 중입니다.
더러는 비명을 지르는 긴 터널을 지난다.

연일 37℃ 안팎에 내 체온 36.5℃를 덧댔겠다.
숲 공원 나무들 슬그머니 비켜선 연유 알겠다.

그러니까 나는 돌아다니는 극한 폭염 덩이
게다가 담배 피우고 술 마셔 열기를 덧댔다.

도달할 수 있는 최후 한계가 국어 극한이다.
극한 한파 폭설 폭우 폭염으로 이어온 책력

점점 가까이 다가가는 것이 수학 극한이다.
극한 정치 갈등 폭력 전쟁으로 다가간 상흔

극한 폭염 안전 안내 문자가 자꾸만 떠서

확인할 때까지 내비게이션의 눈을 가than.

지구온난화 임계점 넘어 전례 없는 극한
시속 110㎞ 백미러에 어릿대며 따라왔다.

맛있는 것 많이 먹기 위해 냉장고 채워야지
좀 더 쾌적이 살기 위해 냉난방기 틀어야지

온실가스 내뿜어도 자동차는 몰고 다녀야지
디지털 탄소 남아도 휴대폰 컴퓨터는 써야지

피서지 가는 길에는 터널이 많았다.
극한의 절대 고독에 진입 중입니다.

어쩌다 극한으로 날이 서버린 조선낫
한 손이 한 일 다른 손도 알아야 한다.

난민

아파트에 둘러싸인 자투리 시궁이다.
때 이른 열돔 현상 끝에 비가 내렸다.
망종 단비라고 맹꽁이들 모여 노래한다.
고인 물 흘러갈 길도 없는 재개발 지구
맹한 세상 꽁한 세월 울어대면서
엉기적엉기적 엎치고 덮치는 난민이다.

어떤 이는 밤새 시끄럽다고 민원 넣고
어떤 이는 고향 그리워 눈시울 붉혔지

새가 날아가는 물길
물고기 지나가는 물길
모래가 넘나드는 바람길
오고 가지 말라는 어거지
사람의 법이 길을 막는다.

둘러쳐진 철조망을 넘다가
가시에 걸려 폐비닐로 나풀거리고
파도에 떠밀려 일회용 페트병으로

떠돌다 햇살에 녹아드는 난민이다.

얄궂어라. 분쟁 전쟁 재해는 겹친다.
만든 놈보다 당하는 이들이 떠나는
1억 명 넘는 지구촌 난민이란다*
세계 인구 80여 명 중 1명꼴이라
애들과 늙은이가 절반 넘어선다니

휴가철에 가장 북적거리는 유기동물 보호소
이상 수온 백화현상으로 황폐한 산호초군락
녹는 빙하로 사냥터 잃어 멸종위기 북극곰
너나없이 영문을 모르고 당하는 난민

산양 노랑부리백로 넘나들고
가시고기 가는돌고기 드나드는
발길 끊어진 비무장지대 십 리
휴전선 155마일 70년 세월도 난민.

* 유엔난민기구〈글로벌 동향 보고서 2024〉, 지구촌 난민 1억 2,320만 명.

어쩌다 잊었는데

벚꽃 만개한 2025 을사년 4월 중순
영하의 날씨에 눈이 수북이 쌓였다.
기상 관측 118년 만에 처음이란다.

그 당혹스럽던 아침은 벌써 잊었다.
2020년 1월 코로나바이러스 감염증
확진자들의 이동로까지 처음 공개되었다.
어제 나다닌 길에 감염의 꼬리표 붙었다.

소금 한 바가지를 들고나온 주인장이
식당 앞 골목길에 뿌리고 탁탁 털었다.
참새들 팔분음표처럼 웅크리고 있다가
흰 쌀인 줄 알고 헐레벌떡 내려앉았다가
재수 없이 짜다는 듯 일제히 날아올랐다.

소금을 뿌리면 바이러스가 죽는다는
소문이 꼬리를 물고 번지는 인포데믹
걸어서 출근하는 골목마저 수상쩍었다.

선생님 먼저 마스크로 입을 가리고
어깨동무 씨동무 보리가 나도록 놀라던
동무들 저만치 거리 두고 보라 가르쳤다.

천여 명 아이들이 조잘거리던 소리마저
휴업으로 끊어진 학교로 출근하는 길섶
세상에 빛과 소금이 되라고 가르쳤는데
귀한 소금 제게 좀 뿌리시면 안 되나요.
애들 보기 재수 없는 어른 여기 있잖아요.

다시 118년 후의 우려를 지금 하겠는가.
소금 한 바가지 뒤집어쓰고도 시원찮을
5년 전 당혹스런 아침 어쩌다 잊었는데.

염치

이른 아침 산밭 둘러본 재종
화가 머리끝까지 나서 돌아왔다.
콩 싹들 고라니가 잘라 먹었다.

멧돼지가 옥수수밭 죄 짓이긴 기억 새롭다.
직박구리 떼로 날아와 감 쪼아 흠집 내었다.
잊을 만하면 살쾡이 내려와 산란닭 물고갔다.

산속 살이 어지간하면 불러도 오잖을 짐승들
민가 근처 경계를 넘어와 심기를 어지럽히고
물까치는 몰려다니며 수다스럽게 변명해 댄다.

짐승과 사람의 경계 바람의 몫이었다.
누가 정해 주기보다 끼리끼리 알아서
갈 데 가지 않을 데를 긋고 살았는데
짐승과 사람의 길섶이 자꾸만 겹친다.

올해도 물까치 햇땅콩 죄 물어 갔다.
배고파 주워 먹고 훔쳐먹는 먹거리다.

냉장칸 냉동칸 죄 만원인 살림살이
넘치도록 빼앗아 쟁여 두는 먹거리다.

먹고사는 자리마다 염치가 넘나들어
슬그머니 가슴 밑 칸을 더듬어본다.

쟁여도 헛헛하기만 한 허기증 뭉치
오늘도 염치 덩이 발등에 떨어져서.

퍼스트 네이션스

그들은 인디언으로 불리는 것보다
퍼스트 네이션스라 불리기를 원했다.

장마전선 늘어져 달포 넘게 내리는 비
어느 큰손이 끈덕지게 풀씨 풀어 놓아
김 매주고 돌아서면 어느새 돋아 있다.

퇴비장 만들어 비료도 주지 않았다.
농약 치거나 비닐로 덮지도 않았다.
주말마다 들여다보며 김매 가다뒀다.
문명의 구미에 따라 개량된 작물들이다.
물 만난 풀들 경쟁 상대가 되지 못했다.

해마다 기록을 바꾸며 퍼붓는 비에다
연일 인간의 체온을 넘어선 폭염경보
고추는 탄저병으로 짓물러 떨어지고
채소들은 삭아 털썩 주저앉아버리는데
쇠비름은 뽑아 던져도 자고새면 일어나
이름 모를 온갖 풀씨 번차례로 발아했다.

농약과 비닐 없이는 농사 못 짓는다
박새가 저만치 날아와 깝죽거리는데
미나리꽝 언저리 맹꽁이들 모여들어
약 치지 말라 비닐 덮지 말라 웅성댄다.

새들도 훌훌히 집으로 가는 저물녘이면
깔짐 가득 진 아저씨들 동구 밖 들어섰다.
풋풋한 풀냄새 소들이 맞장구치는 어스름
외양간 두엄 잿간 잿무덤 삭혀 거름 내고
한겨울 황토 져다 객토하여 갈아엎으면서
비료 한 줌 농약 한 방울 없이도 양석지기
농사 가다뤄 갈무리했던 재주꾼들이었다.

생명의 거미집을 짜는 것은 사람이 아니다.*
땅은 네 것이 아니라 우리 모두의 것이라고
자고새면 신바람 물오르는 퍼스트 네이션스

그들은 잡초라 불리는 것보다

그냥 풀이라 불리기를 원했다.

* 시애틀 추장의 연설문 중에서.

제4부
마음길 나들목

믹스

홀로 먹고 홀로 잠들다
살던 이 먼 길 떠난 빈집
찬장에 믹스커피 몇 봉지
묵은 시간에 절어 붙었다.

건강에 좋지 않다는 거
다 안다면서도
밥 먹고 한 잔 마셔야지
눈 뜨기가 한결 부드러워

믹스mix
평생 영어를 몰랐지만
넌지시 짐작하셨었구나.
섞여야 풀리는 세상살이

소태 씹은 듯
쓰거운 세월 언저리
단맛 쓴맛 골고루 섞여야
술술 풀려 그나마 살맛 돋는.

짓다

밥을 짓는다
옷을 짓는다
집을 짓는다

이름 짓는다
약을 짓는다
시를 짓는다

밥 짓고 옷 짓고 집 짓고 약 짓고 시 짓고
정성 다해 진안한 손길들이 배어들었겠다.

관계 짓는다
말을 짓는다.
죄를 짓는다

어쩌다 죄마저 짓는다 했는가.
말을 짓다 보니 그랬을 것이다.
관계 짓다 보면 그럴 수도 있어

이름 지어 서로 불러주는 것이다.

아직 나일는지

마스크 쓰고 이야기를 나누었다.
마음에 얼비친 틈새 조금 엿보며
이러저러한 모습이려니 짐작했다.

마스크를 오래 쓰다 탈 되겠어.

거지반 가리고 살았던 페르소나
나와 또 다른 내가 나인 척하면서
자신에게 관대하고 타인에게 지악해
조금 더 무모하고 뻔뻔해지고 있다.

차를 마시려고 마스크를 벗고
코와 입이 드러나자 다르게 보였다.
멋쩍은 웃음을 서로 나누어 마셨다.

숨 쉬고 악취도 맡아야 하는 코
먹고 때로는 거짓말도 해대는 입
드러나고서 비로소 구색이 잡히는
형상은 허구한 날 주관이었나 봐

멋대로 주무른 아집이었는지 몰라

마스크를 오래 쓰다 탈 나겠어.

백미러에 비췬 명함판 한 컷이야
메마른 와디 같은 웃음 근육들이
어색하게 스쳐 지나는 광야의 강
낯익은 듯 낯선 나와 나의 차이

삶의 틈에 버석하게 마른 물티슈다.
그리움의 흔적만 타르로 는적거리는
거울 속 내가 아직 나일는지 몰라.

마음길 나들목

왕복 8차선 고속도로에서
나가야 할 나들목을 지나쳤다.

빌어먹을 못난 바보 천치 등신이
사방의 차선에서 짓누르며 조여온다.

뒷덜미를 억누르는 굴레에서 벗어나
조금 돌아가면 되는 이치 깨닫기까지
꽤 걸리는 내 안의 밴댕이소갈딱지여

어디로 들어온 길이 있으면
어딘가 나가는 길이 있을 터
누군가 다니기 시작해서 이어진
길 안에서 길을 잃고 헤매는 조급증

에스컬레이터 계단도 급해 뛰어다녔지.
허겁지겁 가봤자 기다리는 이도 없는데
서둘러 떨군 조각들만 그리움으로 남아

다음 나들목은 그리 멀지 않았다.
개암나무 우거진 지방도를 따라서
청보리 이삭 패는 산비알 넘는 길섶
꿩 서방이 따라오며 연신 되된다.

너무 나무라지 마시라.
백미러 따라오는 길 헛살았다고

심뽀마저 내 것이라 우기지 말고
부디 네 것인 양 학대하지도 말고.

모르는 이 아는 이

모르는 이에게서 오는 전화가
아는 이에게서 오는 것보다 잦아진다.
모르는 이가 뜬금없이 보내는 메시지
모르는 이를 아는지 모르는지 삭갈린다.

모르는 이에게 이상야릇한 소식 오거들랑
이러이러 하라는 모르는 이 안내도 온다.

어디까지가 아는 것이고
어디서부터 모르는 곳인지
지역 번호도 모르는 데서 날아온
모르는 이를 모르는지 아는지 헷갈린다.

아는 이에게서 소식이 끊어지기도 한다.
내 실수로 삭제했는지 그가 차단했는지
서로 물어볼 겨를 없이 그냥 바삐 산다.
그 자리 그나마 모르는 이가 채워간다.

모르는 이 아는 이 마구 뒤섞여

미세먼지 초미세먼지 매우 나쁜 날
황사 안개 속에서 산비둘기 울어댄다.
이산 저산 그들만의 와이파이 범위에서

언제는 타클라마칸 사막에서
모르는 황사가 서슴없이 날아와
마른 기억에 인공눈물 떨구었다.

아는 이에게 보내는 문자도
썼다 지우기를 여러 번 되풀이하는
어쩌다 그가 모르는 이 같기 때문이다
알았던 이였다가 문득 모르는 이였다가.

실새삼

덩굴손 뻗어 닿는 것이면
무엇이든지 즉시 휘감아라.
빨판을 내밀어 마구 들붙어라.
뿌리내려 밀착하여 빨아먹으라.
기생의 유전자 방식은 은밀하다.

햇볕에 그을리며 일하지 말라고
엽록소도 없고 잎도 퇴화해 버려
광합성 안 해도 해마다 돋아나는걸
너저분한 땅에 뿌릴 내릴 것까지야.

남의 몸 은근슬쩍 추근거리다가
악착같이 박은 빨대를 빨아대며
나 몰라라 돌아서면 그만이었던
초롱초롱 피어난 새삼 실새삼꽃
열매 맺은 자리 대대로 씨 뿌리며
마시고 노래하고 하늘하늘 춤춘다.

생태계의 그런저런 못된 농간이거니

남의 삭신 지악스레 둥쳐 보신하고
실한 열매까지 다닥나닥 매달고서는

실새삼의 씨앗 토사자가 약이란 것을
인터넷 검색으로 찾아낸 영악함으로
건강에 좋다는 토사자를 채취하는
탐욕이 내 안에 먼저 뿌리내렸겠다.

뭐든지 빼앗아다 두둑이 쌓아두면서
질기디질긴 실새삼보다 더했던 습성
손등 푸르스름한 핏줄 넝쿨로 돋는다.

문의 얼굴

자동문이 고장 나 활짝 열려 있다.

고장 나고서야 굳게 닫힌 문이 열렸다. 사방이 문이고 사방이 벽이다. 문이 생기는 만큼 벽이 견고해진다.

문으로 날아간 새들은 돌아오지 않았다.

하늘을 나는 투명 방음벽 공동묘지. 먼저 부딪힌 맹금류들이 나오지 못하고 스티커로 붙어 있다. 들어간 발자국은 있는데 나온 발자국은 없는 문이다.

회전문이 멈춰 유리에 부딪혔다.

다행히 시속 40km로 날아가던 새가 아니었다. 간섭받는 것을 좋아하지 않는 문은 건드리면 멈춘다. 바람이 간 길을 따라만 가야 한다.

사방이 벽이고 사방이 문이다.

서로 아무것도 궁금하지 않으면서 문을 굳게 닫아걸었다. 수시로 드나들던 하늘에 경첩이 달렸다. 누구든지 필요하면 문을 걸을 수 있다.

웃음이 마음의 빵긋한 문이었다.

울타리 너머로 부치게라도 주고받던 시절. 불통의 날줄도 소통의 씨줄로 빵긋해지던 우물가. 활짝 웃어본 지 언제인지 몰라 혼자 웃는다.

문을 뒤집어 처단으면 곰으로 보인다.

내 문 닫아걸고 남의 문 열리기만 기다리며 겨울잠을 잔다. 때로는 내버려두어 제풀에 열리고 제멋에 닫히는 얼굴이 문이다.

문 없이도 드나드는 문이다.

안과 밖이 다 보이는 고장 난 문이 말 걸기가 편했다. 닫힌 마음의 골방을 열고 소리를 넘어선 소리를 들었다.

하현달

갓밝이부터 호들갑 떨며
잘 익은 과일 쪼아댄다고
새들 너무 나무라지 마셔요.

길고양이 눈빛이 사방에 번뜩이고
올빼미 날갯죽지 펄럭이는 밤 지나
밝아오는 새날 여명의 넘치는 환희
새들이 제 노래만 연신 지저귀면서
남의 노래 들어줄 틈이 없다는 것
긴 밤 지새워 본 이는 알 거예요.

이른 새벽부터 공원에 모여
남의 얘기 들을 새 없이 자랑하는
노인들 삐쭉대며 흉보지 마셔요.

삭이지 못한 이런저런 사연 베개 삼아
기나긴 밤 내내 잠 못 이뤄 뒤척이다가
식구들 깰까 조심스레 나와 맞는 아침
자질구레한 이야기 늘어놓으면서도

남의 이야기 들을 짬이 없다는 것
긴긴 세월 삭여온 이는 알 거예요.

새들은 어제 노래 또 지저귀고
노인들 그제 한 이야기 또 하면서
처음 지저귀고 새 이야기인 듯 신나는
자고 샌 아침이 얼마나 귀하디귀한지

야삼경 뜬눈으로 새우며 내려다봐
다 알면서 못 본 척 덤덤한 하현달
밤새 머리칼 허연 노인이 되었어요.

언제 적

언제 적 고지서 빛바래 매달렸네.
두엄자리에 버섯류만 한살림 차린
인적은커녕 형상마저 삭아가는 집

씨뿌리지 않아도 대대로 피어나는
봉숭아 맨드라미 해바라기 내다보는
애들 노는 소리 얼기설기 얽힌 마당

낮에는 머슴살이 달밤엔 콩밭 매고
저물녘엔 깔짐 지고 배냇소 기르며
산지기 사래논 부쳐 지은 초가삼간

칡넝쿨 얽히고설켜 온통 덮어썼네.
드러난 외椳 틈새 내다보는 얼굴
칡꽃 덩그런 송이에 볼우물만 깊은

순하디순한 유순 누이네 집이었지
칠 남매 알 깨고 나와 객지로 떠난
고적만이 똬리 틀은 우렁이 껍데기

언제 적 채송화 눈길 머무는 곳
사립문 나서는 저만치 산 자드락
살던 이 묘잔등 패랭이꽃 이쁘고.

충전 그리고 방전

핸드폰을 어디에 두었는지 몰라
전화해 보아도 그새 반응이 없다.
방전은 빠르고 충전은 더뎌지는
그림자 길게 드리운 늦가을 햇살

하루가 다르게 진화하는 세상에
아직도 해묵은 폰을 쓰느냐지만

뭐든 바꾸는 일이 그리 쉬웠다면
침침한 눈알 여태 달고 다니겠나.
소파에 누웠던 시간의 틈새에 끼어
고독사한 핸드폰을 뒤늦게 찾았다.

충천하고 방전되는 삶의 그늘막에
얼마 전 먼 길 뜬 이 전화번호 있다.
못내 그리워 남겼다기보다 어쩌다가
지울 때 놓쳐 우묵한 기억의 개자리

누군가 충전해 주신 휴대전화지요.

주머니 넣고 다니며 잘 쓰고 있어요.
때가 되어 방전되면 아늑한 고독이
싸락눈처럼 다독다독 덮어 주겠지요.

귀로

동창회 날 저편 손 흔드는 친구
어디서 많이 보았구나 싶었더니
장날 학교 가는 신작로서 뵈었던
그 친구 춘부장 모습 그대로였네.
어정어정 걸음걸이까지 꼭 빼닮아

애비 닮아가는 애송아지 콧쭝뱅이
에미 닮아가는 똥강아지 꽃궁뎅이
가난까지 물려받아 야속하기만 한
결코 닮고 싶지 않았던 세월 모서리
너나없이 에미 애비로 되돌아오시네.

아침은 혼자 오지 않는다

침잠한 기억 엉긴 꿈의 가두리 양식장
수하식 날줄에 들붙은 렘수면 비렘수면
불면을 몰고 다니는 어둠의 끄나풀이다.

꿈 전 - 꿈 찜 - 꿈 구이

일기예보는 내내 주의보를 내렸다. 종잡을 수 없는 소문이 수증기로 떠돌다 퍼져 쌓이는 눈발의 보이스피싱을 조심하라고. 터무니없는 개꿈들 섭슬려 다니다 엉겨붙은 블랙아이스를 경계하라고.

길고양이들 살갑게 사납게 아웅거린다.
도시 골목 후미진 쓰레기 수거장 근처
지키기도 몰아내기도 버거운 꿈의 영역

범죄와의 전쟁 중인 엘살바도르는 4만 명을 가두는 감옥을 개장했다. 아벨을 죽이고 모른다던 카인이 불안과 두려움으로 성을 쌓아 에녹이라 하였다.* 불신의 벽을 쌓고 스스로 갇힌 감옥의 크기만큼 꿈은 교화될 것인가.

거기가 벗어나야 할 감옥이거든요.
욕망의 양식에 갇힌 꿈에 가위눌려
자고새면 뉴스부터 검색하는 조급증

북극한파에도 는적는적 기어드는 아무르불가사리다.
스스로 키운 꿈의 양태들 어슬렁거리다 사라지는 골목. 자동차 블랙박스들이 까막거리며 뱉은 말의 잔해를 스캔하고 있다.

집게 봉다리 들고 공원에 모인 노인들
밤새 어둠이 흘리고 다닌 우울 줍다가
사람이 모질지 못해 꿈자리 사나운 겨

웅크린 체온에 콧등 묻은 길고양이
양미간에 야릇한 미소가 스멀거린다.
갓밝이 평온이 따사로운 앞자락으로
아침은 결코 혼자 오지 않는다.

* 『구약성서』, 창세기 4장 17절.

이심훈의 시세계

세상의 모든 희미해져 가는 것들의 곁에서

이철주
(문학평론가)

1.

한 시대가 저물고 있다. 익숙했던 모든 것들이, 견고한 토대에 기대 숨 쉬던 세상의 모든 이름과 빛나던 순간들이 시간의 경계 너머로 조금씩 밀려난다. 하나의 세계를 기억하고 증언하던 선연한 눈빛과 그 떨림들도 더는 자신이 누구인지 기억하지 못하고, 시간의 바깥으로 세계의 가장자리로 인간의 경계 저편으로 아득히 밀려나고야 만다. 너무도 당연한 이 우주의 사이클이, 한 번도 예외가 없던 필연과 숙명이 급기야 인간 이후의 시간을 상상하고 걱정하게 만드는 건, 그럴듯한 말로 포장되곤 하던 우리의 무책임한 탐욕과 그 끝 모를 이기심이 이제 더는 용납될 수 없는 지경까지 이르렀기 때문일 것이다. 또 하나의 생명과 기회를 약속하던 균형의 중심축으로서의 죽음과 소멸은 이젠 어떤 미래도 희망도 약속하지 못하는 절대적 멸종과 종말을 향해 나아가고 있다. 인간중심주의로 팽배한 폭력의 역사와 그 뿌리 깊은 관성은 인간뿐 아니라 지구 행성 전체의 위기를, 온 생명의 공멸을 초래할 만큼 심각하고 위태롭다. 이상 기후로 대표되는 지구의 반격은 그저 빙산의 일각일 따름이다.

부지불식간에 도래한 이 유례없는 변화의 속도와 그 파괴력 앞에서 반성하고 떠나보내야 할 인간의 무게는 정말이지 녹록지 않다. 하지만 한편으론 우리가 제대로 돌아보지 못하고 너무 쉽게 떠나보낸 인간의 오래된 기억과 생리도 있지 않을까. 무작정 돌아가야 한다고 말할 수는 없겠지만, 혁신과 적응이라는 그럴듯한 수사에 현혹되어 미처 살피지 못하고 돌보지 못한, 우리 본연의 생리와 생태적 리듬들도, 고유한 호흡과 본연의 지혜들도 있지 않았을까? 이심훈의 시는 이러한 질문들로부터 출발한다. "사람들은 오랫동안 절기와 함께 하늘과 땅의 이치를 궁리하고 순응하며 살았"(「시인의 말」, 『바람의 책력』, 한국문연, 2018)다고. "더불어 살던 자연의 순리 헤집어/ 속도와 효율 좇다 이변을 불렀"(시인의 말, 『뿌리의 행방』, 한국문연, 2023)다며 날선 목소리를 내고 있는 그의 문장들은 전통적 자연관과 농본주의적 사유와 상상력에 기대어 '근대'라는 철저히 인간중심주의적 발명품이 만들어낸 삶의 뒤틀린 극단들을 날카롭게 진단하고 성찰한다.

이번 시집 역시 "듣고 싶은 것만 골라 듣느라/ 들리는 것을 듣지 못했"(「비유의 형식」)던 우리 안의 태연한 무심함과 그 대책 없는 이기심을 정면으로 응시하기 위해, 인간의 억센 목소리에 한없이 밀려나고 희미해지며 남겨진 것들을 증언하고 위무하기 위해, 뿌리뽑히고 훼손당한 존재의 목소리와 그 울분들에 응답하기 위해, 그 오래된 서러움 곁에 함께 서기 위해 바쳐진다. 그의 시는 서둘러 인간 바깥으로 나아가 답을 구하려 하기보다는, 이미 인간 안에 깊이 연루되어 있는 소외와 차별, 폭력과 부정의 역사에 차분히 귀기울임으로써 냉소와 소외로 가득한 현재적 삶의 병폐와 한계를 치유하고 넘어서려 한다. 그의 문장은 세상의 모든 소외된 삶과 시간이 서로의 곁에 기대어 머묾으로써 견디고 버텨내는 밤의 온기를 닮았다. 그 숱한 밤들의 혼곤한 열과 뒤척임들 덕분에 새로운 아침이 온다. 당연한 말이겠지만, 그런 "아침은 결코 혼자 오지 않는다"(「아침은 혼자 오지 않는다」).

2.

인생의 정오엔 뒷모습이 잘 보이지 않는다. 뒷모습은 사라지거나 떠나거나 돌이킬 수 없이 훼손되어 복구될 수 없거나 기어코 완전히 잃어버린 후에야 잘 낫지 않는 상처나 의미를 알 수 없는 암호처럼 찾아온다. 바쁘게 일상을 꾸리는 동안에는 눈에 들어오지 않던 누군가의, 삶의, 시간의 낯선 뒷모습은 언제나 뒤늦게 그러나 아주 오래전부터 예고된 불치의 시차로서 정확히 찾아온다. 이심훈의 문장은 이 기이한 뒷모습 주변을 하염없이 서성이며 간단히 풀리지 않는 이야기들의 심연을 향해 귀를 기울인다. "국가건강검진 비수면내시경 받으며" "가슴속 부호들 슬그머니 더듬어본"(「부호들」)다든지, "안과 밖이 다 보이는 고장 난 문"들 곁에서 "닫힌 마음의 골방을 열고 소리를 넘어선 소리를 들"(「문의 얼굴」)으려 한다든지, 이미 알고 있었지만 한 번도 제대로 응답해 주지 못한 목소리들을 정확히 마주하고 응시하려 한다. 아주 긴 우회로 끝에 다다른 시간의 깊은 이면들에, 오래도록 방치되어 온 마음의 어두운 심연들에 함께 머무르며 동행하려 한다.

몽돌 널브러진 해변에 보름달이 떴다.
화사하게 웃는 모습 바라보는 순간은
온갖 쓰라린 기억의 신경줄이 밀집된
뒤통수를 보지 못하고 있다는 것이다.

얽고 패인 시간의 입술이 크레이터로 우묵하다.
섭섭해 품은 그믐달의 예각을 벼려야 몽돌이다.

어쩌다 달의 앞면만 바라보았나 봐
감정 이면에 서성인 묵은 우울 조각들
골목 전봇대에 엉킨 통신선에 걸렸어도
고개 돌려 못 본 척하고 지나쳐 갔다.
   　　　　　　　　　　　　―「달의 뒤란」 부분

아무리 애원하며 불러보아도
먼지로 하늘거리는 몽환의 보풀
끈끈한 그리움도 덫이 되어버린
고독의 동공이 쥐눈이콩 닮았다.

지나간 날에 말 걸지 말아요.
생각이 많을수록 덫에 갇혀요.
지나간 날들은 지나가야잖아요.

묵은 서랍 함부로 들추지 마세요.
언제 적 덫이 아직 묵고 있거든요.
덫을 놓은 이가 덫에 걸린다니까요.
   　　　　　　　　　　　　―「덫」 전문

　일상은 어떻게 유지되는가. 어떻게 이토록 위태로운 욕망의 굴레와 끝 모를 결핍의 열역학이, 수없이 "얽고 패인" 상처의 그물과 태연한 침묵들이, 아무런 탈도 일으키지 않고 무사히 하루를 마무리 지을 수 있는 것일까. 사건, 사고 없는 하루야말로 이유를 설명할 수 없는 불가해한 것으로 비추어질 지경인 요즘, 하루의 만족과 행복은 때로 철저히 우리 삶의 맨얼굴을 직접 마주하지 않으려는, 무지에 대한 적극적 열망과 의지 덕분으로 보이기도 한다. 가장 "화사하게 웃는" "보름달"의 정취란 "온갖 쓰라린 기억의 신경줄이 밀집된/ 뒤통수를 보지" 못하는 우리의 '불능'이 만들어내는 것처럼, 혹은 '불능'에의 의지와 열망이 만들어내는 것처럼, 너무 많은 앎은 때로 우리를 우리가 놓은 "언제 적 덫"에 걸려들게 만드는 원흉이 되기도 한다. 볼 수 없는 것을 보려는, 들을 수 없는 것을 들으려는 욕망은, 그 모든 것의 중심에 자기 자신이 놓여 있음에도, 바로 그 이유 때문에 늘 실패의 자리로 회귀하고 만다. 그렇다면 정말 "지나간 날에 말 걸지 말"고 닿을 수 없는 "지나간 날"은 이제 그만 놓아버려야 한다는 것일까. 다음의 시편들은 명백히 이를 거부하고 있다.

    사무치게 가려운 곳이 분명 있는데
    어디를 긁어야 할지 모를 때가 있다.
    피맺히게 긁적거려도 거기 아니라서

    …(중략)…

    손가락 닿지 않는 등짝도 아닌

각질 두꺼운 발바닥 언저리도 아닌
상처의 먼 변방 깊은 밤 홀로 깨어
기억이 가려울 때가 간혹 있다.

내 속을 내가 긁적거려야
그나마 덜 외롭다는 것이다.
—「기억이 가려울 때」 부분

오른손이 한 일을 왼손이 전혀 모르고 있어
왼손이 한 일을 오른손이 너무 알려고 해서
자고새면 오른손 왼손이 삐지고 다투는 날

줄곧 따라온 상념의 끄나풀 거두는 호미곶
한 손이 한 일을 다른 손도 알아야 한다고
왼손과 오른손이 육지와 바다에서 손짓한다.
—「왼손이 한 일 오른손도 알아야」 부분

"사무치게 가려운 곳", "상처의 먼 변방"은 우리가 우리 생의 가장 밝은 곳에 놓여 있을 때조차도 우리의 시야가 닿지 않는 경계 가장자리에서 끊임없이 우리를 부르고 뒤흔든다. 비록 어떤 때는 "전혀 모르고", 또 어떤 날은 "너무 알려고 해서" 문제가 되곤 하지만, 그의 화자들이 자신 있게 밝히고 있는 바에 따르면 "한 손이 한 일을 다른 손도 알아야", "내 속을 내가 긁적거려야/ 그나마 덜 외롭다는 것이다". 우리 안의 어두운 심연, "달의 뒤란"들은 우리로부터 너무 멀어지면 위독해지고 반대로 너무 가까워져도 위험해진다. 끝끝내 모를 수도, 그렇다고 섣불리 안다고 자신할 수도 없는 우리 안의 어두운 뒷모습들 곁에서 이심훈의 시는 소란스럽지 않게 말을 걸고 차분히 기다린다. 시간의 너그러운 배려 속에서 경직된 표정이 차차 풀리고 마침내 가장 취약한 모습마저 서로에게 허락할 수 있을 때까지. 귀를 기울이고 곁을 맴돌며 오래도록 마음을 쓴다. 우리 안의 어둠을 기민하게 알아차리고 그들이 외롭게 미처가지 않도록 보조를 맞추며 함께 걷는다. 꽤 오랫동안 잊어온 우리의 일상들이다.

3.

하루가 다르게 끊임없이 희미해지고 어딘가로 밀려나는 삶이 노년이 아니기를 바라지만, 이를 부정하는 것 역시 우리 안의 어둠과 마주하기를 저어하는 일이 될 것이다. 이번 시집에는 노년시편이라고 불러도 좋을 만큼 노년의 삶을 정면으로 응시하는 시편들이 많이 실려 있는데, 삶의 구체적인 세부와 그 질감이 그대로 담겨 있어 곱씹어볼 만하다. "민족중흥의 역사적 사명을 띠고/ 명절이면 가불해서라도 고향을 찾으며/ 어느 곳에서 일하든지 열심히들 살았"(「귀거래歸去來」)던 베이비붐 세대들의 영광은 이제 "변하지도 않고 버리지도 못하고/

애련히 리바이벌되는 턴테이블"(「리바이벌」)에 비유될 따름이며, 심지어 자식 세대와 "겸상할 수 있는 것도 그나마 복"(「어색한 밥상」)으로 받아들여야 하는 서러운 처지에 놓여 있다. 자기 세대의 상식이 더는 상식으로 통용되지 못하고 낡고 뒤떨어진 시대의 흉물이나 잔재처럼 받아들여지는 현실은 노년의 삶을 한층 더 외롭게 고립시킨다.

   이것 좀 보세요. 부품이 0이잖아요.
   그는 휴대전화를 코 앞에 들이대면서
   단종斷種되어 부속 없음을 증명했다.
   단종되도록 사용하고 다시 고쳐 쓰려는
   못마땅한 호모사피엔스의 후예라는 듯

   하루가 다르게 물건들도 진화하는 세상
   신상 많으니 웬만하면 새로 장만하란다.

   제품이 버젓이 있는데 종을 끊어버리다니

   네안데르탈인은 30만 년 넘게 번성했다.
   호모사피엔스보다 조금 더 크고 힘이 센
   구인류종은 어느 순간 홀연히 절멸하였다.
   부품 단종된 티브이 다큐프라임에서 보았다.

…(중략)…

아직 쓸만한 향기를 지닌 아카시아꽃이다.
고쳐 쓸 겨를 없이 벌들이 단종되고 있다.
―「네안데르탈인의 책력」 부분

"제품이 버젓이 있는데 종을 끊어버리"는 것이 "하루가 다르게 물건들도 진화하는 세상"의 상식이자 마땅한 이치라면, 이러한 폭력적 생의 원리 속에서는 "고쳐 쓸 겨를 없이" "단종"되고 마는 종 단위의 비극이 무한히 반복될 수밖에 없을 것이다. 멸종된 "네안데르탈인의 책력"에 단종된 종들의 시간을 겹쳐 보고 있는 위 시는 멸종과 단종 사이의 유비와 그 이면의 의미를 묻고 있지만, 그 기저에 세상의 중심으로부터 급격하게 밀려 나가고 있는 노년의 시간이 놓여 있음을 어렵지 않게 읽어낼 수 있다. 게다가 "이것 좀 보세요. 부품이 0이잖아요."라는 합리적인 체하는 윽박지름이라니. 이는 쓸모의 세계에 더는 효용이 없으니 알아서 얌전히 무대에서 사라지라는 가장 잔인한 안락사 선고와 다르지 않은 것이다. 개개인의 쓰임과 효용이 세상과 함께 맞물려 돌아갈 때에만 인간은 한 사람의 사회적 존재로 살아갈 수 있다. 쓰임과 효용이 거세된 삶은 여기 이곳에 "버젓이" 존재함에도 강제로 그 존재를 부정당한 "단종된" 삶에 불과하며 미래를 회수당한 채 오직 죽음과 종말을 향해서만 달려가는 삶 아닌 삶에 다르지 않다.

그럴 때 어쩌면 다음과 같은 시가 쓰여지지 않을까.

옷 같은 거 자꾸 사 오지 마라

있는 것들도 다 못 입고 간다.

내 걱정 당최 말고 우애 있게 살어

할망구 있을 때보단 쪼매 못하지만

걱정 붙들어 매거라 혼자서도 잘해

다만 나이 들어 흘끔흘끔 눈치 보는

함께 늙어가는 마당 가 저 가이

나 떠나면 어쩌나 그것이 걱정.
―「혼자서도 잘해」 부분

"혼자서도 잘하는/ 고독력은 사전에 없"다는 시인의 말을 굳이 옮기지 않더라도 "혼자서도 잘해"라는 말이 절반쯤 반어에 지나지 않으리라는 것은 매우 분명해 보인다. 아내를 떠나보내고 홀로 남은 화자는 자식들을 걱정시키지 않으려 "혼자서도 잘"한다고 "내 걱정 당최 말"라고 다독이지만, 이 다독임의 끝은 자신과 "함께 늙어가는" 개에 대한 걱정으로 마무리되고 있다. "나 떠나면 어쩌나", 생존의 모든 요소를 전적으로 나에게 맡기고 있는 "가이"는 단순히 반려동물이기만 한 것이 아니라, 세상과 나를 이어주던 쓰임과 효용의 마지막 끈이기도 할 것이다. 서로가 서로의 거의 유일한 삶의 중심이 되어주던 이 절대적 이자 관계 속에서 이들은 쓸모의 세계로부터 거부당한 서러움과 서글픔을 얼마쯤 씻어낼 수도 있었으리라. "평생 며칠 비워본 적 없는 마당 가" 꽃들을 "이 집 비면 누가 돌보나/ 다만 그것 한 가지"가 "걱정"이라던 「상팔자」 속 화자의 사정도 크게 다르지는 않았을 것이다.

그러나 그의 시가 이처럼 한없이 존재의 바깥으로 밀려나고 있는 노년의 슬픔과 서러움에만 귀 기울이고 있는 것은 아니다. 다음과 같은 시에서 노년은 다른 시간과 다른 삶의 방식들에 귀 기울이는 변화와 열림의 시간으로 형상화되기도 한다. 이를 가능하게 하는 것은 물론 경험의 이면을 들여다보려는 화자의 성찰적 시선의 깊이와 그 사유의 성숙함 덕분일 것이다.

공연스레 눈에 힘 들어간 반골 기질 때문에 얻어터진다고.
눈 내리깔고 히마리없는 듯 다소곳하면 무난할 것이라고. 너 땜에 사서 고생한다며 친구는 어르고 동료는 비아냥거렸다.

반골은커녕, 마루 밑으로 들어간 겁많은 개의 눈빛을 보았니? 힘 있는 자들은 죄 빠져나가고 날파리만 걸려든다던 거미줄 공화국. 만만한 놈이 본보기로 얻어터져야 평화로운 시절이 있었다.

축대 맨 아래 틈새에서 겨우내 얼었다 녹았다 꽃피우는 민들레. 태풍에 발랑 드러누웠다가 사나흘도 안되어 일어서는 강아지풀. 힘을 주고 버티기보다 힘을 빼고 어우러지는 고수들이다.

힘을 주기보다 힘을 빼기가 더 어렵다는 걸 진즉에 가르쳐 주는 이가 없었다. 힘껏 싸워 이기라고만 부추겼다. 싸우지 않고 더불어 사는 법을 때맞춰 배우지 못했다.

얼마 전에도 그랬다.
어깨 힘 빼고 조신하게 있으면
분수에 맞게 잘 만들어 줄 텐데
늙어가면서 히마리없는 삭신에
주책없이 무슨 힘이 자꾸 들어가
어여쁜 미용사에게 눈치만 먹었다.
―「히마리」 부분

화자가 감내해 온 삶의 규칙에는 "싸우지 않고 더불어 사는 법" 같은 건 없었다. "만만한 놈이 본보기로 얻어터져야 평화로운 시절"에 "눈 내리깔고 히마리없는 듯 다소곳하면 무난할 것"이라는 기대는 늘 보기 좋게 어긋나기 일쑤였고, 덕분에 화자는 "힘을 빼고 어우러지는" 지혜의 감각을 "때맞춰 배우지 못했다". 그러나 그게 꼭 세대만의 문제였을까. "힘을 주고 버티"지 않으면 단번에 밀려나고 말 거라는, 그래서 "힘껏 싸워 이기라고만 부추"기는 적자생존과 각자도생의 원리는 지금도 변하지 않는 시대의 상식으로 자리하고 있고, "어깨 힘 빼고 조신하게 있으면/ 분수에 맞게 잘 만들어" 주리라는 투명한 기대 역시 몹시도 어렵고 먼일이 되어버렸기 때문이다.

 물론 "히마리없는" 것과 힘을 "빼는" 것은 전혀 다른 차원의 일일 것이다. 힘을 빼는 것은 무능 내지 불능이 아니라, 힘을 빼야만 알아차릴 수 있는 세계를 매개하고 연결하며 상상하게 하는 사유의 가능성과 그 역능을 함축하고 있기 때문이다. 화자는 "힘을 빼고 어우러지는 고수"의 경지를 섣불리 흉내내려 하기보다는, 힘을 빼야 한다는 생각에 여전히 잔뜩 힘을 주고 있는 자신을 한 발짝 떨어져서 바라보려 한다. "주책없이 무슨 힘이 자꾸 들어가"는 노년의 자신을 얼마쯤 여유롭게 바라보며, 타자의 시간이 건네는 목소리들에 좀더 가까이 다가가려 한다. 세상의 중심으로부터 한없이 밀려나기만 하던 노년의 시간은 그렇게 반대로 환한 열림의 시간을 향해 조금씩 나아간다.

4.

　힘을 빼야 비로소 주변이 보인다. 생명을 품고 잉태하며 살아가는 땅의 목소리가, 스스로를 돌아볼 줄 모르는 문명의 질주가 만들어낸 섬뜩한 굉음들이, 그 굉음에 처참하게 짓밟히고 뿌리뽑힌 생들의 절박한 울부짖음이 선연히 들려오기 시작한다. "넘치도록 빼앗아 쟁여"(「염치」)온 인간의 파렴치한 욕망과 그 폭력의 전리품이 쌓이고 쌓여 마침내 "지구온난화 임계점 넘어 전례 없는 극한"(「극한」)에 이른 지금, 주위를 조금만 둘러보아도 세상은 온통 피멍 가득한 비명들로 낭자하다. "너나없이 영문을 모르고 당하는 난민"(「난민」)은 이제 너무도 익숙한 보편적 일상의 풍경이다. 이심훈의 화자는 그때마다 "때맞춰 돌아가" "제풀에 썩을 줄 알아야" 한다고(「제풀에」), "모르는 황사가 서슴없이 날아와"(「모르는 이 아는 이」) 마음을 헤집고 들쑤셔도 "이름 지어 서로 불러주"(「짓다」)듯 함께 머물고 아파하며 흔들려야 한다고 역설하지만 삶과 세상은 쉽게 움직여 주지 않는다.

　이심훈이 그려내는 생태시의 풍경은 인류가 한 번도 경험한 적 없는 미래의 먼 아득한 시간과는 관련이 없다. 그의 문장은 합리의 언어로 증명하거나 설명은 못해도 몸이 겪고 앓아 가장 확실하고 선명한 감각으로 이해하고 공유할 수 있는 전통적 자연관 및 농본주의적 상상력에 견고히 기대어 있다. 물론 과거로 돌아가 훼손된 순리를 단순히 원래대로 회복할 수는 없을 것이다. 그러나 그것이 불가능하다거나 설령 이치에 닿지 않는다 하더라도 잃어버린 세계가 건네는 무시할 수 없는 경고와 지혜의 말들을 이대로 묵과하는 것 역시 용납되어선 안 될 것이다. 이심훈의 시는 잃어버린 세계의 지혜와 순리에 기대어 이젠 누구도 부정하거나 간과할 수 없는 자연의 경고를 하나의 정치적 발언으로서 받아들이고 수행한다.

닫힌 물길 빗장 풀리자 강의 원주민들 돌아온다. 가창오리 흰목물떼새 원앙 날아들고 흰수마자 큰주홍부전나비 어디 갔었니. 눈물겹게 살아남은 피라미와 돌마자들 모래알 씹었다가 연신 뱉어내며 금억새 살랑살랑 손짓하는 고마나루

발원지 뜬봉샘에서 굽이굽이 천 리 길
천내습지 곰나루 구드래 기벌포구까지
사람 사는 곳이면 어디서나 흘러나오는
허드렛물 수챗물 다 받아 구시렁댐 없이
개어귀 강어귀마다 지천으로 돋는 미나리
용수 지른 듯 썩은 생각마저 걸러내던 강

…(중략)…

목새 속울음에 대를 이은 둔치 푸새
노을 헹궈 곱디고운 물비늘 노닐 때

저만치 수면 위 피라미들 구경나오는

흐를 것은 흘러가게 내버려두자고요.

—「살어리랏다」 부분

"흘러"야 할 강을 흐르지 못하게 강제로 막아두었던 인간의 이기심은 비단강으로 불리던 금강을 문자 그대로 죽음의 강으로 만들었다. 수억 생명의 숨통을 막고 삶의 터전을 강제로 빼앗았던 4대강 사업의 결과는 상상 이상으로 끔찍했다. 강의 물길을 끊고 보를 세운 지 반년도 되지 않아 "강의 원주민"이었던 60만 마리의 물고기들이 떼죽음을 당했던 것이다. 강은 부패와 죽음의 냄새로 무섭게 끓어 올랐다. 그렇게 가망이 없어 보이던 죽음의 강이었지만 강을 되살리려던 이들의 목숨을 건 투쟁 덕분에 "닫힌 물길 빗장 풀리자" "가창오리 흰목물떼새 원앙" 등 "눈물겹게 살아남은" "강의 원주민들"이 다시 "돌아"오는 기적을 맞이한다. 자연을 예찬하자는 것이 아니다. 이심훈의 문장은 자연의 위대함을 숭배하려는 게 아니라, 더는 이와 같은 끔찍한 일이 되풀이되어선 안 된다는 지극히 투명한 경고를 되풀이하고 있을 따름이다. "흐를 것은 흘러가게 내버려두자"는 게 또 무엇이 그렇게 어렵단 말인가.

농약과 비닐 없이는 농사 못 짓는다
박새가 저만치 날아와 깝죽거리는데
미나리꽝 언저리 맹꽁이들 모여들어

약 치지 말라 비닐 덮지 말라 웅성댄다.

새들도 훌훌히 집으로 가는 저물녘이면
깔짐 가득 진 아저씨들 동구 밖 들어섰다.
풋풋한 풀냄새 소들이 맞장구치는 어스름
외양간 두엄 잿간 잿무덤 삭혀 거름 내고
한겨울 황토 져다 객토하여 갈아엎으면서
비료 한 줌 농약 한 방울 없이도 양석지기
농사 가다뤄 갈무리했던 재주꾼들이었다.

생명의 거미집을 짜는 것은 사람이 아니다.*
땅은 네 것이 아니라 우리 모두의 것이라고
자고새면 신바람 물오르는 퍼스트 네이션스
　　　　　　　　　　—「퍼스트 네이션스」 부분

"퍼스트 네이션스"들이 잊지 않고 체득하고 있는 농사의 기술과 지혜는 사실 너무도 낯익은, 이미 꽤 오랫동안 우리가 잊고 지내온 농촌의 상식이자 생리, 생의 자연스러운 리듬 및 호흡과 관계된 것이었다. "땅은 네 것이 아니라 우리 모두의 것"이라는 아름다운 말 역시 그럴듯한 교훈이나 교시, 도덕이나 윤리가 아니라, 삶을 가능하게 하는 조건이자 의심의 여지가 없는 사실로서 존재하였고, 손을 뻗으면 구체적으로 만져지는 물리적 실재이자 우주만물의 법칙이기도 하였다. 이들이

"비료 한 줌 농약 한 방울 없이도 양석지기"가 가능했던 건, 단지 땅을 "가다루"는 정성 어린 "객토"나 "거름"을 만드는 빼어난 요령 때문이 아니었고 엄청난 노동량이 뒤따라서라거나 특별한 비법이 있어서가 아니었다. 그들은 땅의 언어를 들을 수 있었고, 땅에 기대어 살아가는 수많은 "생명의 거미집"에 어울려 살 줄 알았다. 인간의 규정과 문명의 언어는 "농약과 비닐 없이는 농사 못 짓는"다고 "인디언"이라든지 "잡초"라는 배타적 규정과 배제의 꼬리표 없이는 자신들과 함께 살 수 없다고 번번이 냉소하며 그들을 밀어냈지만, 그런 모멸과 적대의 언어로는 결코 이해할 수 없는 오래된 세계의 지혜를, 그 세계의 언어와 율법을 아직은 기억하는 이들이 있었던 것이다. 이심훈의 문장은 이들의 곁에 선다. 그들의 언어와 몸짓으로 말해도 괜찮다고, 온전히 다 이해되지 않더라도 괜찮다고, 그래도 전해지는 것이 있다고, 함께 할 수 있다고 미소 지으며 끌어안는다.

5.

우리는 운이 좋아 살아남았다. 코로나19 팬데믹이 휩쓴 자리를 몇 차례의 큰 전쟁이 가로질렀고, 과거의 상식이 통용되지 않는 급변하는 기후변화가 불안하기만 한 삶의 자리를 끊임없이 흔들며 위협하고 있다. 이제 더는 어느 나라도 어느 누구도 전지구적 재난과 전쟁, 혼란으로부터 자유로울 수 없음이 사실로서 입증되었지만, 이 섬뜩하기만 한 새로운 상식 앞에서 우리는 또 한 차례 무던히 적응 중이다. "기상 관측 118년 만에 처음"이라는 "4월 중순"의 폭설도, 코로나19가 모든 일상을 멈춰 세운 "5년 전 당혹스런 아침"도 "어쩌다 잊어" 버린 우리는(「어쩌다 잊었는데」) 미처 응답하지 못한 그날의 그림자로부터 아주 빠르게 그리고 무심히 멀어지는 중이다. 이심훈의 시는 이토록 너무 쉽게 잊어버린, 아니 너무 능숙히 길들여져 더는 그날의 충격을 떠올리지 못하는 우리 안의 놀라운 생존 감각과 그 본능을 향해 오래도록 미뤄온 질문들을 낯설게 다시 꺼내 놓는다.

  밖으로 나가는 길도 막힌 숨결
  안에 갇혀 역겨워진 입 가리개
  묵은 더께 얼굴이 된 페르소나

  밖에서 들어오는 것들 때문에 쓴다고
  어쩌다가 착각하며 산 무수한 나날들
  내 냄새는 모르고 네 냄새만 꺼리다가
  내 탓이 네 탓이 된 생각의 바이러스
         —「더께 얼굴이 되어」 부분

  거지반 가리고 살았던 페르소나
  나와 또 다른 내가 나인 척하면서

자신에게 관대하고 타인에게 지악해
조금 더 무모하고 뻔뻔해지고 있다.

…(중략)…

숨 쉬고 악취도 맡아야 하는 코
먹고 때로는 거짓말도 해대는 입
드러나고서 비로소 구색이 잡히는
형상은 허구한 날 주관이었나 봐
멋대로 주무른 아집이었는지 몰라

마스크를 오래 쓰다 탈 나겠어.
—「아직 나일는지」 부분

  팬데믹 기간 동안 마스크는 우리 생의 '타자'로부터 안전하고 확실한 거리를 확보할 수 있는 가장 편리하고도 경제적인 방법이었다. "밖에서 들어오는" 불결하고 불쾌한 오염물로부터 감염되거나 침해당하지 않기 위하여 우리는 간단하게 마스크 한 장을 걸치면 되었다. 물론 여기에는 일말의 과장이 포함되어 있다. 별다른 해결책도 백신도 없던 시절, 마스크는 우리가 살아남기 위해 취할 수 있는 유일한 수단이었고, 그마저도 백퍼센트의 안전을 제공해주진 않았기 때문이다. 마스크가 감염으로부터 우리를 지켜주리라는 기대는 절박한 믿음에 가까웠고, 그 외에 우리가 할 수 있는 일이라곤 거의 존재하지 않았다.

다만 마스크는 우리가 언제든 선택했다 취소할 수 있는 대체 가능한, 통제가능한 단순한 도구가 아니었다. 마스크는 우리 삶의 방식을 바꾸었고 사람을 만나는 방법과 소통의 기술에, 감정교환의 섬세한 룰뿐만 아니라 심지어 대화를 피하는 방식에까지 영향을 미쳤다. "마스크를 오래 쓰"며 관계를 두려워하게 되었고, 언제든 접촉했다 차단할 수 있는 편리한 만남과 소통의 방식을 선호하게 되었다. 마스크에 길들여진 나머지 "안에 갇혀 역겨워진 입 가리개"가 타자로부터 나를 안전하게 보호하고 오직 원할 때만 타자와 만나고 소통하게 하는, 타자를 능숙하게 다루고 통제할 수 있도록 매개하는 마법의 물건인 줄로만 알았다. 그렇게 우리는 "자신에게 관대하고 타인에게 지악해"진 "거지반 가리고 살았던 페르소나"의 맨얼굴을 목격하고 있다. "드러나고서 비로소 구색이 잡히는" 아찔한 부끄러움을 온몸으로 느끼면서 "듣기는 들어도 내 탓이 아니라서/ 들어야 할 것을 듣지 못했"(「비유의 형식」)던 자신을 마스크의 뒷면에 숨기느라 급급해하고 있는 자신을 발견하게 된다.

이심훈의 시는 그렇게 우리의 투명한 부끄러움 곁에, 부끄러움이 밀어내고 지우려 했던 타자들의 목소리 곁에 선다. 세상의 모든 희미해져 가는 것들의 곁에서 그들을 대신해 묵묵히 노래하고 증언한다. 소란스럽지 않게, 그러나 정직하게, 잊지 말아야 할 것들을 정확하게 응시하고 기억한다. 잊어야 할 것들, 떠나보내야 할 것들 역시 결코 묵과하지 않으면서. 희미해진다는 것은 더 많은 노래가 우리를 기다리고 있다는 것이고 이 노래가 끊기지 않는 한 사라지는 것은 아무것도 없다. 어떤 것도 사라지지 않는다. 어떤 노래도 희미해지지 않는다.

| 이심훈 |

충남 부여에서 태어났다. 1987년 웅진문학상, 2003년 『시사사』 신인상으로 활동을 시작하였다. 시집 『못 뺀 자리』 『안녕한가 풀들은 드러눕고 다시 일어나서』 『시간의 초상』 『장항선』 『바람의 책력』 『뿌리의 행방』이 있으며, 시문집 『느림과 기다림의 장항선 인문학 기행』이 있다. 한국문예진흥원 문학창작기금, 충남문학대상, 만해 한용운문학상, 한국지역출판연대 천인독자상을 수상했다. 충청남도아산교육장, 공주교육대학교 겸임교수를 역임했다.

이메일 : bongsssh@hanmail.net

현대시 기획선 142
달의 뒤란

초판 인쇄 · 2025년 11월 20일
초판 발행 · 2025년 11월 25일
지은이 · 이심훈
펴낸이 · 이선희
펴낸곳 · 한국문연
서울 서대문구 증가로29길 12-27, 101호
출판등록 1988년 3월 3일 제3-188호
편집실 | 서울 서대문구 증가로31길 39, 202호
대표전화 302-2717 | 팩스 · 6442-6053
디지털 현대시 www.koreapoem.co.kr
이메일 koreapoem@hanmail.net

ⓒ 이심훈 2025
ISBN 978-89-6104-407-3 03810

값 13,000원

* 본 도서는 충청남도, 충남문화관광재단의 후원으로 발간되었습니다.

* 잘못된 책은 바꾸어 드립니다.